Les Contes de Jacques Tournebroche

suivi de Sous l'invocation de Clio

Anatole France

Paris, Calmann-Lévy, 1921

LES CONTES DE JACQUES TOURNEBROCHE

2

L'empereur Charlemagne et ses douze pairs, ayant pris le bourdon à Saint-Denis, firent un pèlerinage à Jérusalem. Ils se prosternèrent devant le tombeau de Notre-Seigneur et s'assirent devant les treize chaires de la grande salle où Jésus-Christ et les apôtres s'étaient réunis afin de célébrer le saint sacrifice de la messe. Puis ils se rendirent à Constantinople, désireux de voir le roi Hugon, qui était renommé pour sa magnificence.

Le roi les reçut dans son palais, où, sous une coupole d'or, des oiseaux de rubis, d'un artifice merveilleux, chantaient dans des buissons d'émeraudes.

Il fit asseoir l'empereur de France et les douze comtes autour de sa table chargée de cerfs, de sangliers, de grues, d'oies sauvages et de paons roulés dans le poivre. Et il offrit à ses hôtes, dans des cornes de bœuf, les vins de Grèce et d'Asie. Charlemagne et ses compagnons burent tous ces vins en l'honneur du roi et de sa fille Hélène. Après le souper, Hugon les mena dans la chambre qui leur était destinée. Cette chambre était ronde ; une colonne, qui s'élevait au milieu, en soutenait la voûte. On ne pouvait rien voir de plus beau. Contre les murs, couverts d'or et de pourpre, douze lits étaient rangés ; et un treizième se dressait proche la colonne, plus grand que les autres. Charlemagne s'y coucha et les comtes s'étendirent alentour. Le vin qu'ils avaient bu leur chauffait le sang et faisait fumer leur cerveau. Ne pouvant goûter le sommeil, ils se mirent à gaber, selon la coutume des chevaliers de France, et ils firent à l'envi des gageures où se montrait leur grand cœur. L'empereur fit le premier gab. Il dit :

— Qu'on m'amène à cheval et tout armé le meilleur chevalier du roi Hugon. Je lèverai mon épée et l'abattrai sur lui d'une telle force qu'elle fendra heaume, haubert, selle et cheval, et que la lame s'ira enfoncer d'un pied sous terre.

Guillaume d'Orange parla après l'Empereur et fit le deuxième gab.

— Je prendrai, dit-il, une boule de fer que soixante hommes ont peine à porter et je la lancerai si rudement contre le mur du palais qu'elle en abattra soixante toises.

Oger de Danemark parla ensuite.

— Vous voyez cette fière colonne qui soutient la voûte. Demain, je l'arracherai et la briserai comme un fétu de paille.

Après quoi Renaud de Montauban s'écria :

— Pardieu ! Comme Oger, tandis que tu renverseras la colonne, je prendrai la coupole sur mes épaules et la porterai jusqu'au rivage de la mer.

C'est Gérard de Roussillon qui fit le cinquième gab.

Il se vanta de déraciner seul, en une heure, tous les arbres du jardin royal.

Aimer prit la parole après Gérard.

— J'ai, dit-il, un chapeau merveilleux, fait de la peau d'un veau marin et qui rend invisible. Je le mettrai sur ma tête, et demain, quand le roi Hugon sera à son dîner, je mangerai son poisson, je boirai son vin, je lui pincerai le nez, je lui donnerai des soufflets, et ne sachant à qui s'en prendre, il fera mettre en prison et fouetter tous ses serviteurs, et nous rirons.

— Moi, fit à son tour Huon de Bordeaux, je suis assez agile pour m'approcher du roi et lui couper la barbe et les sourcils sans qu'il s'en aperçoive. C'est un spectacle que je vous donnerai dès demain. Et je n'aurai pas besoin d'un chapeau de veau marin.

Doolin de Mayence fit aussi son gab. Il promit de dévorer en une heure toutes les figues, toutes les oranges, tous les citrons des vergers du roi.

Puis, le duc Naisme parla de la sorte :

— Par ma foi, j'irai dans la salle du festin, je prendrai hanaps et coupes d'or, et les lancerai si haut qu'ils ne retomberont plus que dans la lune.

Bernard de Brabant éleva alors sa grande voix :

— Je ferai mieux, dit-il. Écoutez-moi, mes pairs. Vous savez que le fleuve qui coule à Constantinople y est large, car il approche de son embouchure après avoir traversé l'Égypte, Babylone et le paradis terrestre. Or, je le détournerai de son lit et le ferai couler sur la grande place.

Gérard de Viane dit :

— Qu'on mette en ligne douze chevaliers. Et je les fais tomber ensemble sur le nez, seulement par le vent de mon épée.

C'est le comte Roland qui fit le douzième gab, en la manière que voici :

— Je prendrai mon cor, je sortirai de la ville et je soufflerai d'une telle haleine que toutes les portes de la cité en perdront leurs gonds. »

Olivier seul n'avait encore rien dit. Il était jeune et courtois. Et l'Empereur l'aimait tendrement.

— Mon fils, lui dit-il, ne voulez-vous point gaber aussi ?

— Volontiers, sire, répondit Olivier. Connaissez-vous Hercules de Grèce ?

— On m'en a fait quelques discours, dit Charlemagne. C'était une idole des mécréants, à la manière du faux dieu Mahom.

— Non point, sire, dit Olivier. Hercules de Grèce fut chevalier chez les païens et roi de quelque royaume. Il était homme bon et bien formé de tous ses membres. S'étant rendu à la cour d'un empereur qui avait cinquante filles pucelles, il les épousa toutes la même nuit, si bien que le lendemain matin elles se trouvèrent toutes femmes bien satisfaites et instruites. Car il n'avait fait injure à aucune. Or, s'il vous plaît, sire, je ferai mon gab à l'exemple d'Hercules de Grèce.

— Gardez-vous-en, mon fils Olivier, s'écria l'Empereur. Ce serait péché. Je pensais bien que ce roi Hercules était un

Sarrasin.

— Sire, reprit Olivier, sachez que je compte faire dans le même temps, avec une seule pucelle, ce que Hercules de Grèce fit avec cinquante. Et cette pucelle sera la princesse Hélène, fille du roi Hugon.

— À la bonne heure ! dit Charlemagne, ce sera agir honnêtement et de façon chrétienne. Mais vous avez eu tort, mon fils, de mettre les cinquante pucelles du roi Hercules dans votre affaire, où, quand le diable y serait, je n'en vois qu'une.

— Sire, répondit doucement Olivier, il n'y en a qu'une à la vérité. Mais elle recevra de moi telle satisfaction que, si je nombre les témoignages de mon amour, on verra le lendemain matin cinquante croix au mur. C'est là mon gab.

Le comte Olivier parlait encore quand la colonne qui soutenait la voûte s'entr'ouvrit. Cette colonne était creuse et disposée de telle sorte qu'un homme pût s'y cacher à l'aise pour tout voir et tout entendre. C'est ce que ne savaient point Charlemagne et les douze comtes. Aussi furent-ils bien surpris d'en voir sortir le roi de Constantinople. Il était pâle de colère, ses yeux étincelaient.

Il dit d'une voix terrible :

— C'est donc ainsi que vous reconnaissez l'hospitalité que je vous donne, hôtes discour tois. Voilà une heure que vous m'offensez par vos vanteries insolentes. Or, sachez-le, sire et chevaliers, si demain vous n'accomplissez tous vos gabs, je vous ferai couper la tête.

Ayant parlé de la sorte, il rentra dans la colonne, dont l'ouverture se referma exactement sur lui. Les douze pairs restèrent quelque temps étonnés et muets. L'empereur Charlemagne rompit le premier le silence.

— Mes compagnons, dit-il, il est vrai que nous avons largement gabé. Et peut-être avons-nous dit des choses qu'il aurait mieux valu taire. Nous avons bu trop de vin, et avons manqué de sagesse. La plus grande faute en est à moi qui suis votre empereur et qui vous ai donné le mauvais exemple. J'aviserai demain avec vous aux moyens de nous tirer de ce pas dangereux ; en attendant il nous convient de dormir. Je vous souhaite une bonne nuit. Dieu nous garde !

Un moment après, l'Empereur et les douze pairs ronflaient sous leurs couvertures de soie et d'or.

Ils se réveillèrent au matin, l'esprit encore tout brouillé et croyant avoir fait un rêve. Mais bientôt des soldats les vinrent prendre pour les conduire au palais afin d'y accomplir leurs gabs devant le roi de Constantinople.

— Allons, dit l'Empereur, allons ! et prions Dieu et sa sainte mère. Avec l'aide de Notre-Dame, nous accomplirons facilement nos gabs.

Il marcha le premier avec une majesté surhumaine. Parvenus au palais du roi, Charlemagne, Naisme, Aïmer, Huon, Doolin, Guillaume, Ogier, Bernard, Renaud, les deux Gérard et Roland s'étant mis à genoux, firent, les mains jointes, cette prière à la Sainte Vierge :

« Madame, qui êtes au paradis, regardez-nous en cette extrémité ; pour l'amour du royaume des Lis, qui est tout vôtre, protégez l'Empereur de France et ses douze pairs et donnez-leur la force d'accomplir tous leurs gabs. »

Puis ils se relevèrent réconfortés, tous brillants de courage et d'audace ; car ils savaient que Notre-Dame exaucerait leur prière.

Le roi Hugon, assis sur un trône d'or, leur dit :

— L'heure est venue d'accomplir vos gabs. Et si vous y manquez, je vous ferai couper la tête. Rendez-vous donc, tout de suite, accompagnés de mes soldats, chacun à l'endroit convenable pour faire ces belles choses dont vous vous êtes insolemment vantés. »

Sur cet ordre, ils se dispersèrent, suivis par de petites troupes d'hommes armés. Les uns allèrent dans la salle où ils avaient passé la nuit, les autres dans les jardins et les vergers. Bernard de Brabant s'en fut vers le fleuve, Roland gagna les remparts, et tous ils marchaient hardiment. Seuls Olivier et Charlemagne restèrent dans le palais, attendant, celui-ci le chevalier qu'il avait juré de pourfendre, l'autre la pucelle qu'il devait épouser.

Au bout de très peu de temps une rumeur terrible comme celle qui annoncera aux hommes la fin du monde gronda jusque dans la salle du palais, fit trembler les oiseaux de rubis sur leurs grappes d'émeraude et secoua le roi Hugon dans son trône d'or. C'était un bruit de murailles écroulées et de flots mugissants, que dominait le son déchirant d'un cor. Cependant des messagers accourus de tous les coins de la ville se prosternaient en tremblant aux pieds du roi, apportant d'étranges nouvelles.

— Sire, disait l'un, soixante toises des remparts sont tombées d'un coup.

— Sire, disait l'autre, la colonne qui soutenait votre salle voûtée est rompue et l'on a vu la coupole marcher comme une tortue vers la mer.

— Sire, disait un troisième, le fleuve, avec ses navires et ses poissons, traverse les rues et vient battre les murs de votre palais.

Le roi Hugon, pâle d'épouvante, murmura :

— Par ma foi, ces gens sont des enchanteurs.

— Eh bien, sire, lui dit Charlemagne, en souriant, le chevalier que j'attends tarde à venir.

Hugon le manda. Il vint. C'était un chevalier d'une haute taille et bien armé. Le bon Empereur le coupa en deux, comme il l'avait dit.

Et tandis que ces choses s'accomplissaient, Olivier songeait :

« L'intervention de la très Sainte Vierge est visible en ces merveilles ; et je me réjouis des signes manifestes qu'elle donne de son amour pour le royaume de France. L'Empereur et ses compagnons n'ont pas imploré en vain Notre-Dame, mère de Dieu. Hélas ! je payerai pour tous les autres et j'aurai la tête coupée. Car je ne puis demander à la

Vierge Marie qu'elle m'aide à accomplir mon gab. Ce gab est d'une telle nature qu'il serait indiscret d'y vouloir entremettre Celle qui est le lis de pureté, la Tour d'Ivoire, la Porte close et le Verger ceint de haies. Et, faute d'un secours céleste, je crains bien de n'en pas faire autant que j'ai dit. »

Ainsi songeait Olivier quand le roi Hugon l'interpella brusquement :

— À vous, comte, d'accomplir votre promesse.

— Sire, répondit Olivier, j'attends avec grande impatience la princesse votre fille. Car il faut bien que vous me fassiez la précieuse grâce de me la donner.

— Cela est juste, dit le roi Hugon. Je vais donc vous l'envoyer avec un chapelain pour célébrer le mariage.

À l'église, pendant la cérémonie, Olivier songeait :

« Cette pucelle est gracieuse et belle à souhait, et j'ai trop de désir de l'embrasser pour regretter d'avoir fait ce gab. »

Le soir, après souper, la princesse Hélène et le comte Olivier furent conduits par douze dames et douze chevaliers dans une chambre où ils furent laissés seuls.

Ils y passèrent la nuit, et le lendemain des gardes les amenèrent tous deux devant le roi Hugon. Il était sur son trône, entouré de ses chevaliers. Près de lui se tenaient Charlemagne et les pairs.

— Eh bien, comte Olivier, demanda le roi, le gab est-il tenu ?

Olivier gardait le silence, et déjà le roi Hugon se réjouissait de faire trancher la tête de son gendre. Car de tous les gabs c'est celui d'Olivier qui l'avait le plus fâché.

— Répondez, s'écria-t-il. Osez-vous dire que le gab est tenu ?

Alors la princesse Hélène, rougissant et souriant, dit, les yeux baissés, d'une voix faible mais distincte :

— Oui.

Charlemagne et les pairs furent bien contents d'entendre la princesse dire ce mot.

— Allons, dit Hugon. Ces Français ont Dieu et le diable pour eux. Il était dit que je ne couperais la tête à aucun de ces chevaliers… Approchez, mon gendre.

Et il tendit la main à Olivier, qui la baisa.

L'empereur Charlemagne embrassa la princesse et lui dit :

— Hélène, je vous tiens pour ma fille et ma bru. Vous nous accompagnerez en France, et vous vivrez à notre cour.

Puis, comme il avait les lèvres sur les joues de la princesse, il lui dit à l'oreille :

— Vous avez parlé comme il fallait, en femme de cœur. Mais confiez-moi cela en grand secret : Avez-vous dit la vérité ?

Elle répondit :

— Sire, Olivier est vaillant homme et courtois. Il m'a distrait, par tant de gentillesses et de mignardises, que je n'ai point songé à compter. Il n'y a pas songé davantage. Je devais donc le tenir pour quitte.

Le roi Hugon fit de grandes réjouissances pour les noces de sa fille. Puis Charlemagne et ses douze pairs retournèrent en France, emmenant la princesse Hélène.

Le Carême de l'année 1429 offrait une merveille du calendrier, une conjonction admirable, non seulement pour le commun des fidèles, mais aussi pour les clercs, instruits dans l'arithmétique. Car l'astronomie, mère du calendrier, était alors chrétienne. En 1429, le Vendredi saint tombait le jour de la fête de l'Annonciation, en sorte qu'une même journée ramenait la commémoration des deux mystères qui avaient commencé et terminé le rachat des hommes et superposait merveilleusement Jésus conçu dans le sein de la Vierge à Jésus mourant sur la croix. Ce vendredi, dans lequel le mystère joyeux s'ajustait avec exactitude au mystère douloureux, était nommé le Grand Vendredi et célébré par des fêtes solennelles sur le mont Anis, dans l'église de l'Annonciation. Les papes avaient depuis longtemps attaché les indulgences plénières d'un grand jubilé au sanctuaire ancien, et le défunt évêque du Puy, Élie de Lestrange, avait obtenu du pape Martin le rétablissement de ce pardon. C'était une de ces faveurs que les papes accordaient toujours quand elles étaient demandées convenablement.

Le pardon du Grand Vendredi attira au Puy-en-Velay une foule de pèlerins et de marchands. Dès la mi-février, des gens des contrées lointaines se mirent en route, par le froid, la pluie et le vent. Pour la plupart, ils cheminaient à pied, le bourdon à la main. Autant qu'ils le purent, ces pèlerins voyagèrent en troupe pour n'être point trop pillés et rançonnés par les routiers qui tenaient la campagne, et par les seigneurs qui prélevaient des péages à l'entrée de leurs terres. Comme le pays des monts était particulièrement dangereux, ils attendirent dans les villes environnantes, Clermont, Issoire, Brioude, Lyon, Issingeaux, Alais, qu'ils se trouvassent ensemble en grand nombre, puis ils achevèrent leur route dans la neige. Durant la Semaine Sainte, une multitude étrange se pressa dans les rues montueuses du Puy : marchands forains du Languedoc, de la Provence et de la Catalogne, qui conduisaient leurs mules chargées de cuirs, d'huiles, de laine, de tissus ou de vins d'Espagne conservés dans des peaux de boucs ; seigneurs à cheval et dames en chariots, artisans et bourgeois sur leur mulet, avec leur femme et leur fille en croupe ; puis le pauvre peuple des pèlerins qui, boitant, clochant et clopinant, un bâton à la main, le sac au dos, soufflait sur la rude montée, suivi par les troupeaux de bœufs et de moutons qu'on poussait aux boucheries.

Or, appuyé contre la muraille de l'évêché, Florent Guillaume, long, sec et noir comme une vigne en espalier, l'hiver, mangeait des yeux pèlerins et bétail.

« Voilà, dit-il à Marguerite la dentellière, voilà de grosses têtes d'aumailles. »

Et Marguerite, accroupie devant ses bobines, lui répondit :

— Voire ! bien belles et bien grasses.

Ils étaient tous deux fort dénués et dépourvus des biens de ce monde, et, pour l'heure, avaient grand'faim. Et l'on disait que c'était de leur faute. C'est ce que répétait, à l'instant même, en les montrant du doigt, Pierre Grandmange, le tripier, dans sa triperie. « Ce serait péché, s'écriait-il, de faire la charité à de si méchants garnements. » Ce tripier aurait été très aumônier, mais il craignait de perdre son âme en donnant à des pécheurs, et tous les bourgeois du Puy avaient les mêmes scrupules. Pour être véridique, nous dirons que, sans doute, en sa claire jeunesse, maintenant éteinte, Marguerite la dentellière n'avait pas égalé sainte Lucie en pureté, sainte Agathe en constance, et sainte Catherine en sagesse. Quant à Florent Guillaume, ç'avait été le meilleur écrivain de la ville. Longtemps il n'avait pas eu son pareil pour écrire les heures de Notre-Dame-du-Puy. Mais il avait trop aimé les fêtes et les repas. Maintenant sa main était moins sûre et sa vue moins nette ; il ne traçait plus sur le vélin les lettres avec assez de fermeté. Encore, aurait-il gagné sa vie en instruisant des apprentis dans son échoppe, au chevet de l'Annonciation, à l'image de Notre-Dame, car il était homme de bon conseil et d'expérience. Mais ayant eu le malheur d'emprunter à maître Jacquet Coquedouille six livres dix sous et lui ayant restitué en plusieurs termes quatre-vingts livres deux sous, il s'était trouvé finalement devoir encore six livres dix sous au compte de son créancier, lequel compte fut trouvé exact par les juges, car Jacquet Coquedouille était bon arithméticien. C'est pourquoi l'écrivinerie de Florent Guillaume, au chevet de l'Annonciation, fut vendue, le samedi 5 mars, jour de Saint-Théophile, au profit de maître Jacquet Coquedouille. Depuis lors, le pauvre écrivain n'avait plus de gîte. Par le secours de Jean Magne, le sonneur, et avec la protection de Notre-Dame, dont il avait écrit les heures, il nichait la nuit dans le clocher de la cathédrale.

L'écrivain et la dentellière avaient grand'peine à vivre. Marguerite n'y réussissait que par hasard, car elle n'était plus belle et n'aimait guère à faire de la dentelle. Ils s'aidaient l'un l'autre. On le disait, pour les en blâmer ; on aurait eu meilleure grâce à le dire à leur louange. Florent Guillaume était savant. Connaissant par le menu l'histoire de la belle Dame noire du Puy et l'ordre des cérémonies du grand pardon, il avait imaginé de servir de guide aux pèlerins, pensant qu'il s'en trouverait quelqu'un assez pitoyable pour lui donner de quoi souper en reconnaissance de ses belles histoires. Mais les premiers auxquels il avait offert ses services l'avaient repoussé parce que son habit percé ne décelait ni sens ni clergie, et il était revenu, dolent et rebuté, au mur de l'évêché, où il y avait un peu de soleil et son amie Marguerite.

— Ils estiment, dit-il amèrement, que je ne suis pas assez savant pour leur nombrer les reliques et conter les miracles de Notre-Dame. Croient-ils donc que mon esprit s'en est allé par les trous de mon gippon ?

— Ce n'est pas l'esprit, répondit Marguerite, qui s'en va par les trous des habits, mais la bonne et naturelle chaleur. J'ai grand froid. Et il n'est que trop vrai qu'homme et femme, on nous juge sur l'habit. Les galants me trouveraient assez belle encore si j'étais nippée comme madame la comtesse de Clermont.

Cependant, tout le long de la rue, devant eux, les pèlerins se poussaient âprement au sanctuaire, où ils devaient recevoir le pardon de leurs péchés.

— Ils vont sûrement suffoquer tout à l'heure, dit Marguerite. Il y a vingt-deux ans, au Grand Vendredi, deux cents personnes furent mortes étouffées sous le porche de l'Annonciation. Dieu ait leur âme ! C'était le bon temps : j'étais jeune.

— Rien n'est plus vrai, l'année que tu dis, deux cents pèlerins, par compression réciproque, trépassèrent de ce monde en l'autre. Et le lendemain il n'y paraissait plus.

En parlant ainsi, Florent Guillaume avisa un pèlerin fort gras qui ne s'allait point faire absoudre avec autant d'emportement que les autres, et qui tournait d'un air d'embarras et de crainte ses gros yeux de droite et de gauche. Florent Guillaume s'approcha de lui et le salua bien humblement.

— Messire, lui dit-il, on voit tout de suite que vous êtes sage et plein d'usage, et que vous n'allez pas au pardon comme un mouton à la boucherie. Car ils y vont le museau de l'un sous la queue de l'autre. Vous avez meilleures façons. Accordez-moi la grâce de vous servir de guide, et vous ne vous en repentirez point.

Le pèlerin, qui se trouvait être un gentilhomme de Limoges, répondit en limousin qu'il n'avait que faire d'un mauvais pauvre et qu'il irait bien tout seul à l'Annonciation recevoir le pardon de sa coulpe. Et il se mit résolument en route. Mais Florent Guillaume se jeta à ses pieds, et s'arrachant les cheveux :

— Arrêtez ! arrêtez ! messire, par Dieu, par tous les saints, n'allez pas plus avant ! car vous seriez mort, et vous n'êtes pas un homme qu'on voit sans regret ni douleur aller à son trépassement. Encore quelques pas sur cette montée et vous êtes mort. Car ils s'étouffent là-haut. Déjà bien six cents pèlerins ont rendu l'âme. Et ce n'est qu'un petit commencement. Ne savez-vous point, messire, qu'il y a vingt-deux ans, en l'an de grâce mil quatre cent sept, à pareil jour, à pareille heure, sous ce porche, neuf mille six cent trente-huit personnes, sans compter les femmes et les petits enfants, s'entr'écrasèrent et périrent tous ? Si vous éprouviez le même sort, messire, je ne m'en consolerais jamais. Car on vous aime dès qu'on vous voit, et l'on ressent un subit et violent désir de se dévouer à vous.

Le gentilhomme limousin s'était arrêté, surpris, et avait pâli en entendant ce discours et en voyant cet homme s'arracher les cheveux à poignées. Dans son épouvante il rebroussait chemin. Mais Florent Guillaume, agenouillé, le retint par un pan de sa jaquette.

— N'allez point par là ! messire, n'allez point. Vous pourriez rencontrer Jacquet Coquedouille et vous seriez tout soudain changé en pierre. Mieux vaut rencontrer le Basilic que Jacquet Coquedouille. Savez-vous ce que vous ferez, si, prudent et sage, comme il paraît à votre visage, vous voulez vivre longtemps et faire votre salut ? Écoutez-moi. Je suis bachelier. Ce jour les saintes reliques seront promenées à travers les rues et les carrefours. Vous éprouverez un grand soulagement à toucher les châsses qui renferment la coupe en cornaline dans laquelle a bu l'Enfant Jésus, une des amphores des Noces de Cana, la nappe de la Cène et le saint Prépuce. Si vous m'en croyez, nous irons les attendre au chaud dans une rôtisserie que je connais et devant laquelle elles passeront sans faute.

Et d'une voix persuasive, sans lâcher le bout de la jaquette, il dit en montrant la dentellière :

— Messire, vous donnerez six sous à cette femme de bien, pour qu'elle aille acheter du vin. Car elle connaît le bon endroit.

Le gentilhomme limousin, qui était d'un naturel ingénu, se laissa conduire, et Florent Guillaume soupa d'un quartier d'oie, dont il emporta les os pour les offrir à madame Ysabeau, qui logeait avec lui dans la charpente du clocher. C'était la pie de Jean Magne le sonneur.

Il la trouva, la nuit, sur la poutre où elle avait coutume de dormir, près du trou du mur qui lui servait de magasin, et où elle amassait noix et noisettes, amandes et faînes. Comme elle s'était réveillée en l'entendant venir et avait battu des ailes, il la salua très doucement et lui tint ces propos gracieux :

— Pie très pie, dame recluse, agasse claustrale, nonne Margot, jaquette abbesse, oiselle d'église, vêtue en clarisse, *ave !*

Et lui offrant les osselets proprement enveloppés dans une feuille de chou :

— Madame, dit-il, je vous présente les reliefs d'un bon repas que me fit faire un gentilhomme de Limoges. Les Limousins sont mangeurs de raves, mais j'ai instruit celui-là à préférer aux raves limousines l'oie anicienne.

Le lendemain et le reste de la semaine, Florent Guillaume, faute d'avoir pu retrouver son Limousin ou quelque autre bon voyageur portant viatique, jeûna *a solis ortu usque ad occasum.* Marguerite la dentellière fit pareillement. C'était à propos, puisqu'on était dans la Semaine Sainte.

II

Or, le saint jour de Pâques, maître Jacquet Coquedouille, notable bourgeois de la ville, regardait par le trou d'un volet, en sa maison, passer dans la rue montueuse les pèlerins innombrables. Ils allaient, contents d'avoir gagné leur pardon ; et leur vue accrut grandement sa vénération pour la Vierge Noire. Car il estimait qu'une dame tant visitée devait être une puissante dame. Il était vieux et n'avait plus d'espoir qu'en Dieu. Encore doutait-il de son salut éternel, parce qu'il lui souvenait d'avoir souvent dépouillé sans pitié la veuve et l'orphelin. Il venait encore d'ôter à Florent Guillaume son écrivinerie à l'enseigne Dame. Il prêtait à intérêt sur bons gages. On n'en pouvait pas induire qu'il fût usurier, puisqu'il était chrétien et que les Juifs seuls faisaient l'usure, les Juifs, et, si l'on veut, les Lombards et les Cahorsins. Jacquet Coquedouille en usait tout autrement que les Juifs. Il ne disait pas, à la manière de Jacob, d'Ephraïm et de Manassé : « Je vous prête de l'argent. » Il disait : « Je mets de l'argent dans votre négoce et trafic », ce qui était bien différent. Car l'usure et le prêt à intérêt étaient interdits par l'Église ; mais le négoce était licite et permis. Et pourtant, à la pensée qu'il avait réduit un grand nombre de chrétiens à la misère et au désespoir, Jacquet Coquedouille éprouvait du remords, pensant à la justice divine suspendue sur sa tête ; et, en ce saint jour de Pâques, il lui vint l'idée de s'assurer, pour le Jugement dernier, la protection de Notre-Dame. Il pensait qu'elle plaiderait pour lui, au tribunal de son divin Fils, s'il lui donnait des épices. Il alla donc au grand coffre où son or était renfermé, et après s'être assuré que sa porte était close, il ouvrit le coffre plein d'angelots, de florins, d'esterlins, de nobles, de couronnes d'or, de saluts d'or, d'écus au soleil et de toutes monnaies chrétiennes et sarrasines. Il en tira en soupirant douze deniers d'or fin qu'il mit sur la table toute couverte de balances, de limes, de cisailles, de trébuchets et de livres de comptes. Ayant refermé son coffre à triple clé, il nombra les deniers, les renombra, les regarda longuement avec amitié, et leur adressa des paroles tant suaves, polies, accortes, humbles, gracieuses et courtoises, que c'était moins langage humain que musique céleste.

— Oh ! petits agnels, soupirait le bon vieillard, oh ! mes chers agnelets, oh ! mes beaux et précieux moutons d'or à la grande laine.

Et prenant les pièces entre ses doigts avec autant de respect que si ç'eût été le corps de Notre-Seigneur, il les mit dans la balance et s'assura qu'elles pesaient le poids, ou à peu près, bien qu'un peu rognées déjà par les Lombards et les Juifs aux mains desquels elles avaient passé.

Après quoi il leur parla plus doucement encore que devant :

— Oh ! mes gentils moutons, mes agneaux gentils, çà ! que je vous tonde ! Vous n'en éprouverez nul mal.

Et saisissant ses grands ciseaux, il rogna de-ci de-là des pièces d'or, comme il avait coutume de rogner toute pièce de monnaie avant de s'en séparer. Et il recueillit soigneusement les rognures dans une sébile déjà à demi pleine de petits morceaux d'or. Il voulait bien donner douze agnelets à la Sainte Vierge. Mais il ne se croyait pas dispensé d'agir selon l'usage. Cela fait, il s'en fut quérir dans l'armoire aux gages une petite bourse bleue, brodée d'argent, qu'une dame loudière et meschinette lui avait laissée en sa détresse. Il savait que le bleu et le blanc sont les couleurs de Notre-Dame.

Ce jour-là et le suivant il n'en fit pas davantage. Mais dans la nuit du lundi au mardi il eut des crampes et rêva que des diables le tiraient par les pieds. Il tint ce songe pour un avertissement de Dieu et de Notre-Dame, le médita, en son logis, tout le long du jour, puis il s'en alla vers le soir porter son offrande à la belle Dame Noire.

III

Ce même jour, à la nuit close, Florent Guillaume songea tristement à regagner son gîte aérien. Il avait jeûné tout le jour, à contre-cœur, estimant qu'un bon chrétien ne doit pas jeûner en la semaine glorieuse. Avant de se coucher dans son clocher, il alla prier dévotement la belle dame du Puy. Elle se montrait encore, au milieu de l'église, à la place où elle s'était offerte, le Grand Vendredi, à la vénération des fidèles. Petite et noire, couronnée de gemmes, dans un manteau resplendissant d'or, de pierreries et de perles, elle tenait sur ses genoux son Enfant qui, noir comme elle, passait la tête par une fente de son manteau. C'était l'image miraculeuse que saint Louis avait reçue en présent du soudan d'Égypte et portée lui-même dans l'église d'Anis. Tous les pèlerins s'en étaient allés.

L'église était déserte et sombre. Les dernières offrandes des fidèles s'étalaient aux pieds de la belle Dame Noire sur une table éclairée par des cierges. On y voyait un chef, des cœurs, des mains, des pieds, des mamelles d'argent, une nacelle d'or, des œufs, des pains, des fromages d'Aurillac, et, dans une sébile pleine de deniers, de sous et de mailles, une petite bourse bleue brodée d'argent. Contre cette table, dans une vaste chaise, le prêtre, gardien des offrandes, sommeillait.

Florent Guillaume se mit à genoux devant la sainte image, et fit dévotement cette prière mentale :

— Madame, s'il est vrai que le saint prophète Jérémie, vous ayant vue par les yeux de l'esprit avant votre conception, tailla de ses mains dans le cèdre, à votre ressemblance, la sainte image devant laquelle je suis présentement agenouillé ; s'il est vrai que plus tard le roi Ptolémée, instruit des miracles opérés par cette sainte image, l'enleva aux prêtres juifs, l'emporta en Égypte et la déposa, couverte de pierreries, dans le temple des idoles ; s'il est vrai que Nabuchodonosor, vainqueur des Égyptiens, s'en empara à son tour et la fit mettre dans son trésor, où les Sarrasins la trouvèrent lorsqu'ils prirent Babylone ; s'il est vrai que le Soudan l'aimait en son cœur par-dessus toutes choses, et l'adorait au moins une fois le jour ; s'il est vrai que ledit Soudan ne l'aurait jamais donnée à notre saint roi Louis, si sa femme, qui était Sarrasine, mais qui prisait chevalerie et prouesse, ne l'avait décidé à en faire présent au meilleur chevalier et prud'homme de toute la chrétienté ;

enfin si, comme je le crois fermement, cette image est miraculeuse, madame, faites-lui faire un miracle en faveur du pauvre clerc qui maintes fois écrivit vos louanges sur le vélin des missels. Il a sanctifié ses mains pécheresses en traçant d'une belle écriture, avec de grandes lettres rouges au commencement des phrases, *les quinze joies notre Dame*, en langue vulgaire et en rimes, pour la consolation des affligés. C'est œuvre pie. Regardez à cela, madame, et ne considérez point ses péchés. Donnez-lui à manger. Ce sera très profitable à moi, et à vous très honorable, car le miracle ne semblera pas médiocre à quiconque connaît le monde. Vous avez reçu, ce jour, de l'or, des œufs, des fromages et une petite bourse bleue, brodée d'argent. Je ne vous envie, madame, aucun des dons qui vous ont été faits. Vous les méritez bien, et vous en méritez davantage. Je ne vous demande même pas de me faire rendre ce que m'a pris un voleur, nommé Jacquet Coquedouille, qui est un des citoyens les plus honorés de votre ville du Puy. Non, tout ce que je vous demande est de ne pas me laisser mourir de faim. Et si vous m'accordez cette faveur, je composerai une ample et belle histoire de votre sainte image ici présente.

Ainsi pria Florent Guillaume. Au souffle léger de sa prière répondit seul le souffle paisible et profond du gardien endormi. Le pauvre écrivain se leva, traversa la nef sans bruit, car il était devenu si léger qu'on ne l'entendait plus marcher, et monta à jeun l'escalier qui avait autant de marches qu'il y avait de jours dans l'année.

Cependant, madame Ysabeau, ayant passé sous la grille du cloître, entra dans son église. Les pèlerins l'en avaient chassée. Car elle aimait la paix et la solitude. Elle avança prudente, posant lentement un pied devant l'autre, s'arrêta, allongea le cou, donnant de droite et gauche un regard méfiant, puis, sautant avec grâce et secouant la queue, elle s'approcha de la Dame Noire, demeura quelques instants immobile, observant le gardien endormi, perçant de l'œil et de l'ouïe les ombres et le silence, puis, d'un grand effort de ses ailes, sauta sur la table des offrandes.

IV

Florent Guillaume s'était gîté dans le clocher pour la nuit. Il y avait froid. Le vent y entrait par les abat-sons et y faisait un chant de flûtes et d'orgues à réjouir les chats et les hiboux.

Ce n'était pas la seule incommodité de ce logis. Depuis le tremblement de terre de 1427 qui avait ébranlé toute l'église, la flèche tombait pierre par pierre et menaçait de s'écrouler tout entière dans une tempête. Notre-Dame avait permis ce dommage à cause des péchés du peuple. Cependant Florent Guillaume s'endormit. Et c'est signe qu'il avait le cœur pur. Des songes qu'il fit, le souvenir est perdu, sinon qu'il lui sembla, dans son sommeil, qu'une dame parfaitement belle le baisait sur la bouche. Mais quand ses lèvres voulurent correspondre à ce baiser, il avala deux ou trois cloportes qui, cheminant sur son visage, avaient causé l'illusion de ses esprits assoupis. Il s'en éveilla, entendit un bruit d'ailes sur sa tête et crut que c'était un diable, comme il était naturel de le croire, puisque les diables viennent en troupes innombrables tourmenter les hommes, spécialement la nuit. Mais la lune, en ce moment, ayant déchiré les nuages, il reconnut madame Ysabeau et vit qu'elle poussait du bec, dans la fente du mur qui lui servait de magasin, une bourse bleue, brodée d'argent. Il la laissa faire, et quand elle eut quitté sa cachette, il grimpa sur une poutre, prit la bourse, l'ouvrit, et s'aperçut qu'elle contenait douze moutons d'or, qu'il mit dans sa ceinture, en rendant grâce à la belle Dame Noire du Puy, car il était clerc et versé dans les Écritures, et il avait présent à l'esprit que le Seigneur fit nourrir par un corbeau son prophète Élie, d'où il inférait que la Sainte Mère de Dieu avait envoyé par une pie douze deniers à son écrivain, Florent Guillaume.

Le lendemain Florent et Marguerite la dentellière mangèrent une écuelle de tripes, dont ils avaient grande envie depuis plusieurs années.

Ainsi finit le miracle de la Pie. Puisse celui qui l'a conté vivre, conformément à ses désirs, en bonne et douce paix, et tous biens advenir à ceux qui le liront.

FRÈRE JOCONDE

Les Parisiens n'aimaient pas les Anglais et ils les enduraient à grand'peine. Quand, après les funérailles du feu roi Charles VI, le duc de Bedford fit porter devant lui l'épée du roi de France, le peuple murmura. Mais il faut souffrir ce qu'on ne peut empêcher. D'ailleurs, si l'on n'était pas Anglais dans la grande ville, on y était volontiers Bourguignon. Quoi de plus naturel à des bourgeois, et particulièrement à des changeurs et à des marchands, que d'admirer le duc Philippe, prince de bonne mine et le plus riche seigneur de la chrétienté. Pour ce qui était du petit roi de Bourges, de triste figure et pauvre, véhémentement soupçonné de félonie à Montereau, il n'avait rien pour plaire. On le méprisait, et ses partisans inspiraient l'épouvante et l'horreur. Depuis dix ans, ils faisaient des courses autour de la ville, rançonnant et pillant. Sans doute les Anglais et les Bourguignons n'en usaient pas différemment : lorsque, au mois d'août 1423, le duc Philippe était venu à Paris, ses hommes d'armes avaient tout ravagé aux alentours ; et c'étaient des amis et des alliés. Mais ils ne firent que passer ; les Armagnacs au contraire battaient sans cesse les campagnes. Ils volaient tout ce qu'ils trouvaient, incendiaient les granges et les églises, tuaient femmes et enfants, forçaient pucelles et religieuses, pendaient les hommes par les pouces. En 1420, ils se jetèrent comme diables déchaînés sur le village de Champigny et brûlèrent à la fois avoine, blé, brebis, vaches, bœufs, enfants et femmes. Ils agirent de même et pis encore à Croissy. Un très grand clerc de l'Université disait d'eux qu'ils faisaient tout le mal qu'on peut faire ou penser et que par eux plus de chrétiens avaient été martyrisés que par Maximien et Dioclétien.

À la nouvelle que ces damnés Armagnacs entraient à Compiègne et gagnaient les châtellenies d'alentour, les habitants de Paris eurent grand'peur. Ils croyaient que les gens du Dauphin avaient juré, s'ils entraient à Paris, de tuer tout ce qu'ils y trouveraient. On disait publiquement que messire Charles de Valois avait abandonné à ses gens la ville et ses habitants, grands et petits, de tous états, hommes et femmes, et qu'il se promettait de faire passer la charrue sur l'emplacement de la cité. Les habitants, pour la plupart, le croyaient. Aussi mirent-ils la croix de Saint-André sur leurs habits, comme signe qu'ils étaient du parti des Bourguignons. Leur haine et leurs craintes redoublèrent quand ils apprirent que le frère Richard et la Pucelle Jeanne conduisaient l'armée de Charles de Valois. Ils ne connaissaient Jeanne que sur le bruit des victoires qu'elle avait remportées, disait-on, à Orléans. Mais ils pensaient qu'elle avait vaincu les Anglais avec l'aide du diable, par des charmes et des enchantements. Les maîtres de l'université disaient : « Une créature en forme de femme est avec les Armagnacs. Ce que c'est, Dieu le sait ! » Quant au frère Richard, ils le connaissaient bien, car il était venu à

Paris et naguère ils avaient entendu pieusement ses sermons. Il avait obtenu d'eux qu'ils renonçassent aux jeux de hasard, pour lesquels ils oubliaient le boire, le manger et le service divin. Maintenant, à la nouvelle que le frère Richard chevauchait avec les Armagnacs et leur gagnait, par sa langue bien pendue, de bonnes villes comme Troyes, en Champagne, ils appelaient sur lui la malédiction de Dieu et de ses saints. Ils arrachaient de leur chapeau les médailles de plomb, au saint nom de Jésus, que le bon frère leur avait données et, en haine de lui, ils reprenaient les dés, les boules, les dames et tous les jeux auxquels ils avaient renoncé sur ses exhortations.

La ville était forte, car, au temps où le roi Jean était prisonnier des Anglais, les habitants de Paris, voyant les ennemis au cœur du royaume, avaient craint que leur ville ne fût assiégée et s'étaient hâtés de la mettre en état de défense. Ils l'avaient entourée de fossés et de contre-fossés. Les fossés, sur la rive gauche, avaient été creusés au pied des murs de l'ancienne enceinte. Sur la rive droite, les faubourgs, très gros et bien bâtis, touchaient presque la cité. Les fossés qu'on creusa en renfermèrent une partie, et le dauphin Charles, fils du roi Jean, fit ensuite construire une muraille le long de ces fossés. Cependant on n'était pas sans inquiétudes, puisque le chapitre de la cathédrale pourvut à mettre les reliques et le trésor à l'abri des ennemis.

Or, le dimanche 21 août, un cordelier, nommé frère Joconde, vint dans la ville. Il avait fait le pèlerinage de Jérusalem et l'on disait qu'il avait eu, comme frère Vincent

Ferrier et comme frère Bernardin de Sienne, d'abondantes révélations sur la fin prochaine du monde. Il annonça qu'il ferait un premier sermon aux Parisiens le mardi suivant, jour de Saint-Barthélemy, dans le cloître des Innocents. La veille de ce jour, plus de six mille personnes passèrent la nuit dans le cloître. Au pied de l'estrade où il devait parler, les femmes se tenaient assises sur leurs talons. Parmi elles se trouvait Guillaumette Dyonis, qui était aveugle de naissance.

Elle était fille d'un artisan, tué par les Armagnacs dans les bois de Boulogne-la-Grande. Sa mère avait été enlevée par un homme d'armes bourguignon, et l'on ne savait ce qu'elle était devenue. Guillaumette était en âge de quinze à seize ans. Elle vivait aux Innocents de la laine qu'elle filait. On n'aurait pas pu trouver dans la ville meilleure fileuse qu'elle. Elle allait et venait par la cité sans le secours de personne et connaissait toutes choses aussi bien que ceux qui voient. Comme elle menait une bonne et sainte vie et qu'elle jeûnait fréquemment, elle était favorisée de visions. Elle avait eu notamment des révélations de l'apôtre saint Jean sur les troubles du royaume de France. Tandis qu'elle récitait ses heures au pied de l'estrade, sous la grande danse macabre, une femme nommée Simone la Bardine, qui était assise à terre près d'elle, lui demanda si le bon père n'allait pas bientôt venir.

Guillaumette Dyonis ne voyait point la robe verte à queue ni le hennin cornu de Simone la Bardine ; toutefois, elle s'aperçut que cette femme ne menait pas une vie honnête. Elle éprouvait une aversion naturelle pour les femmes amoureuses et pour celles que les gens d'armes nommaient leurs « amiètes » ou leurs mies, mais elle connaissait par révélation qu'il faut avoir grande pitié d'elles et les traiter miséricordieusement. C'est pourquoi elle répondit avec douceur à Simone la Bardine :

— Le bon père viendra bientôt, s'il plaît à Dieu. Et nous n'aurons pas à regretter de l'avoir attendu, car il est savant en oraisons et ses sermons tournent le peuple à la dévotion plus encore que ceux de frère Richard, qui parla ce printemps en ce cloître-ci. Il en sait plus qu'homme du monde sur les temps qui viendront et apporteront d'étranges merveilles. Je crois que nous tirerons grand bien de sa parole.

— Dieu le veuille, soupira Simone la Bardine. Mais n'êtes-vous pas bien fâchée d'être aveugle ?

— Non. J'attends de voir Dieu.

Simone la Bardine se fit de sa huque un coussin et dit :

— Tout n'est qu'heur et malheur. J'habite au bout de la rue Saint-Antoine. C'est le plus bel endroit de la ville, et le plus joyeux ; car les meilleures hôtelleries sont sur la place Baudet et aux environs. Avant les guerres, on y trouvait pain chaud et harengs frais et vin d'Auxerre à plein tonneau. Avec les Anglais, la famine est entrée dans la ville. Il n'y a plus ni pain dans la huche ni fagots dans la cheminée. Tour à tour les Armagnacs et les Bourguignons ont bu tout le vin, et il ne reste au cellier qu'une mauvaise piquette de pommes et de prunelles. Les chevaliers armés pour les tournois, les pèlerins couverts de coquilles, le bourdon à la main, les marchands, avec leurs mules et leurs coffres pleins de couteaux ou de petits livres d'Église, ne viennent plus chercher un gîte et faire de bons repas dans la rue Saint-Antoine. Mais les loups sortent des bois et dans les faubourgs, le soir, dévorent les petits enfants.

— Mettez votre confiance en Dieu, lui répondit Guillaumette Dyonis.

— « Amen ! » reprit Simone la Bardine. Mais je ne vous ai pas conté le pis. Le jeudi d'avant la Saint-Jean, à trois heures après minuit, deux Anglais vinrent heurter à ma porte. Ne sachant s'ils ne venaient pas me dérober, ou briser par divertissement mes coffres et mes huches, ou faire quelque autre méchanceté, je leur criai de ma fenêtre de passer leur chemin, que je ne les connaissais point et que je ne leur ouvrirais point. Alors ils frappèrent plus fort, disant qu'ils allaient défoncer la porte et me venir couper le nez et les oreilles. Pour faire cesser leur vacarme, je leur versai une potée d'eau sur la tête ; le pot m'échappa des mains et se brisa sur la nuque de l'un d'eux si malheureusement que l'homme en fut assommé. Son compagnon appela les sergents. Je fus conduite au Châtelet et mise dans une prison très dure, d'où je ne sortis qu'en payant une grosse somme d'argent. Je trouvai ma maison pillée de la cave au grenier. Depuis lors, mes affaires empirent tous les jours. Je ne possède plus au monde que les nippes que j'ai sur moi.

Et de désespoir, je suis venue entendre le bon père qu'on dit plein de consolations.

— Dieu, qui vous aime, dit Guillaumette Dyonis, vous a conduite en tout cela.

Un grand silence se fit dans la foule. Frère Joconde avait paru sur l'estrade. Ses yeux jetaient des éclairs. Quand il ouvrit la bouche, sa voix éclata comme le tonnerre :

— Je reviens de Jérusalem, dit-il ; et pour preuve, voici dans cette besace des roses de Jéricho, une branche de l'olivier sous lequel Notre Seigneur sua la sueur de sang, et une poignée de la terre du Calvaire.

Il fit un long récit de son pèlerinage. Et il ajouta :

— En Syrie, j'ai rencontré des Juifs qui cheminaient par troupes ; je leur demandai où ils allaient, et ils me répondirent : « Nous nous rendons en foule à Babylone, parce qu'en vérité le Messie est né parmi les hommes, et il nous rendra notre héritage, et nous rétablira dans la terre de promission. » Ainsi parlaient ces Juifs de Syrie. Or, l'Écriture nous enseigne que celui qu'ils appellent le Messie est en effet l'Antéchrist, de qui il est dit qu'il naîtra à Babylone, capitale du royaume de Perse, qu'il sera nourri à Bethsaïde, et s'établira en sa jeunesse dans Coronaïm. C'est pourquoi Notre-Seigneur a dit : *Vhé ! Vhé ! tibi Bethsaïda… Vhé ! Coronaïm.*

» L'an qui vient, ajouta frère Joconde, apportera les plus grandes merveilles qu'on ait jamais vues.

» Les temps sont proches. Il est né, l'homme de péché, le fils de perdition, le méchant, la bête sortie de l'abîme, l'abomination de la désolation. Il sort de la tribu de Dan, dont il est écrit : Que Dan devienne semblable à la couleuvre du chemin et au serpent du sentier.

» Frères, vous verrez bientôt revenir sur la terre les prophètes Élie et Énoch, Moïse, Jérémie et saint Jean l'Évangéliste. Et voici que se lève le jour de colère, qui réduira le siècle en poudre, selon le témoignage de David et de la Sibylle. C'est pourquoi il faut vous repentir, faire pénitence, renoncer aux faux biens.

À la parole du bon frère, de gros soupirs sortaient des poitrines émues. Et plusieurs hommes et femmes furent près de défaillir quand le prêcheur s'écria :

— Je lis dans vos âmes que vous gardez chez vous des mandragores, qui vous feront aller en enfer.

Beaucoup de Parisiens, en effet, payaient fort cher, à ces vieilles femmes qui veulent trop savoir, des mandragores, et les conservaient précieusement dans un coffre. Ces racines magiques ont l'aspect d'un petit homme très laid, d'une difformité bizarre et diabolique. On les habillait magnifiquement, de fin lin et de soie, et ces poupées procuraient des richesses, sources de tous les maux de ce monde.

Et frère Joconde tonna contre les atours des dames.

— Quittez, leur dit-il, vos cornes et vos queues ! N'avez-vous pas honte de vous attifer ainsi en diablesses ? Allumez de grands feux dans les rues, et brûlez dedans vos damnables atours de tête, bourreaux, truffaux, pièces de cuir et de baleine, dont vous dressez le devant de vos chaperons.

Enfin il les supplia avec tant de zèle et de charité de ne point perdre leurs âmes, mais de se mettre en la grâce de Dieu, que tous ceux qui l'écoutaient pleuraient à chaudes larmes. Et Simone la Bardine pleurait plus abondamment qu'aucun autre.

Quand, descendu de son estrade, frère Joconde traversa le cloître et le charnier, le peuple s'agenouillait sur son passage. Les femmes lui donnaient leurs petits enfants à bénir ou lui faisaient toucher des médailles et des chapelets. Quelques-unes arrachaient des fils de sa robe, croyant guérir en les mettant comme des reliques aux endroits où elles avaient mal. Guillaumette Dyonis suivait le bon père aussi facilement que si elle le voyait de ses yeux charnels. Simone la Bardine se traînait derrière elle, en sanglotant. Elle avait retiré sa coiffure cornue et noué un mouchoir autour de sa tête.

Ils marchèrent ainsi tous trois par les rues où des hommes et des femmes, au retour du sermon, allumaient des feux devant leurs maisons pour y jeter des atours de tête et des racines de mandragore. Mais parvenu au bord de la rivière, frère Joconde s'assit sous un orme, et Guillaumette Dyonis s'approcha de lui et dit :

— Mon père, j'ai appris par révélation que vous êtes venu en ce royaume pour y rétablir la concorde et la paix.

J'ai eu moi-même beaucoup de révélations touchant la paix du royaume.

Simone la Bardine parla à son tour, et dit :

— Frère Joconde, j'habitais un hôtel rue Saint-Antoine, près de la place Baudet, qui est le plus beau quartier de Paris et le plus riche. J'avais une chambre nattée, des huques de drap d'or et des robes garnies de menu vair plein trois grands coffres ; j'avais un lit de plumes, un dressoir chargé de vaisselle d'étain et un petit livre où l'on voyait en images l'histoire de Notre-Seigneur. Mais depuis les guerres et les pillages qui désolent le royaume, j'ai tout perdu. Les galants ne viennent plus se divertir sur la place Baudet. Mais les loups y viennent manger les petits enfants. Les Bourguignons et les Anglais sont aussi méchants que les Armagnacs. Voulez-vous que j'aille avec vous?

Le moine regarda quelque temps ces deux filles en silence. Et jugeant que c'était Jésus-Christ lui-même qui les lui avait amenées, il les reçut comme ses pénitentes, et depuis lors elles le suivirent partout où il allait. Tous les jours il prêchait le peuple, tantôt aux Innocents, tantôt à la porte Saint-Honoré ou aux Halles. Mais il ne sortait pas de l'enceinte, à cause des Armagnacs, qui battaient toute la campagne autour de la ville. Il induisait par sa parole les âmes à la piété. Et au quatrième sermon qu'il fit dans Paris, il reçut comme pénitentes Jeannette Chastenier, femme d'un marchant drapier du pont au Change, et une autre femme nommée Opportune Jadoin, qui soignait les malades à l'Hôtel-Dieu, et n'était plus bien jeune. Il admit pareillement dans sa compagnie un jardinier de la Ville-l'Évêque, âgé de seize ans environ, nommé Robin, qui portait aux pieds et aux mains les stigmates de la crucifixion, et était secoué d'un grand tremblement de tous ses membres. Ce jeune garçon voyait la Sainte Vierge corporellement, l'entendait parler et sentait les parfums de son corps glorieux. Elle l'avait chargé d'un message pour le régent d'Angleterre et pour le duc de Bourgogne.

Cependant l'armée de messire Charles de Valois entra dans la ville de Saint-Denis. Et personne, dès lors, n'osa plus sortir pour vendanger, ni aller rien cueillir aux potagers qui couvraient la plaine au nord de la ville. Tout enchérit aussitôt. Les habitants de Paris souffraient cruellement. Et ils étaient fort irrités parce qu'ils se croyaient trahis. On disait, en effet, que certaines gens, et particulièrement des religieux, soudoyés par messire Charles de Valois, guettaient le moment de jeter le trouble et de faire entrer l'ennemi, dans une heure d'épouvante et de confusion. Hantés par cette idée, qui, peut-être, n'était pas toute fausse, les bourgeois chargés de la garde des remparts faisaient un mauvais parti aux hommes de méchante mine qu'ils trouvaient près des portes et qu'ils soupçonnaient, sur les plus faibles indices, de faire des signes aux Armagnacs.

Le jeudi 8 septembre, les habitants de Paris se réveillèrent sans nulle crainte d'être attaqués avant le lendemain. En ce jour du 8 septembre, on célébrait la Nativité de la Sainte Vierge, et il était d'usage, dans les deux partis qui déchiraient le royaume, de garder les fêtes de Notre-Seigneur et de sa bienheureuse mère.

En ce saint jour, les Parisiens, au sortir de la messe, apprirent que, nonobstant la solennité de la fête, les Armagnacs étaient venus devant la porte Saint-Honoré et qu'ils avaient mis le feu au boulevard qui en défendait l'approche. Et l'on annonçait que les gens de messire Charles de Valois se tenaient, pour l'heure, avec le frère Richard et la Pucelle Jeanne, sur le marché aux Pourceaux. L'après-dîner, par toute la ville, des deux côtés des ponts, on entendait crier : « Sauve qui peut ! les ennemis sont entrés, tout est perdu ! » Ces clameurs pénétraient jusque dans les églises où les gens de bien chantaient vêpres. Ils s'enfuirent épouvantés et coururent s'enfermer dans leurs maisons. Or, ceux qui allaient ainsi criant étaient des émissaires de messire Charles de Valois. En effet, dans ce même moment la compagnie du maréchal de Rais donnait l'assaut contre le mur, proche la porte Saint-Honoré. Les Armagnacs avaient apporté dans des charrettes de grandes bourrées et des claies pour combler les fossés et plus de six cents échelles pour l'escalade. La Pucelle Jeanne, qui n'était point telle que croyaient les Bourguignons, et qui, tout au contraire, menait une vie pieuse et observait la chasteté, mit pied à terre et descendit la première dans un fossé qui se pouvait aisément franchir, car il était à sec. Mais on se trouvait ensuite exposé aux flèches et aux viretons qui pleuvaient dru des murs. Et l'on avait devant soi un second fossé large et plein d'eau. C'est pourquoi la

Pucelle Jeanne et les gens d'armes étaient bien empêchés. Jeanne sondait le grand fossé avec sa lance et criait qu'on y jetât des bourrées.

Dans la ville on entendait gronder les canons et tout le long des rues les bourgeois, courant, à demi harnachés, à leur poste des remparts, renversaient les petits enfants qui allaient à la moutarde. On tendait les chaînes et l'on élevait des barricades. Et le tumulte et le trouble étaient partout.

Mais ni le frère Joconde ni ses pénitentes ne s'en apercevaient, parce qu'ils n'avaient souci que des choses éternelles et qu'ils considéraient comme un jeu la vaine agitation des hommes. Ils allaient par les rues chantant le « *Veni creator Spriritus* » et criant : « Priez. Les temps sont proches. »

Ils suivirent ainsi, en bel ordre, la rue Saint-Antoine, qui était très fréquentée d'hommes, de femmes et d'enfants. Parvenu à la place Baudet, frère Joconde perça la foule des habitants et monta sur une grosse pierre qui se trouvait à la porte de l'hôtel de la Truie, et dont messire Florimont Lecocq, le maître de l'hôtel, s'aidait pour enfourcher sa mule. Messire Florimont Lecocq était sergent au Châtelet et du parti des Anglais.

Et du haut de la pierre de la Truie, frère Joconde prêcha le peuple.

— Semez, dit-il, semez, bonnes gens ; semez foison de fèves, car Celui qui doit venir viendra bientôt.

Par les fèves qu'il fallait semer, le bon frère entendait les œuvres charitables qu'il convenait d'accomplir avant que Notre-Seigneur vînt, sur les nuées, juger les vivants et les morts. Or, il importait de semer les œuvres sans tarder, car bientôt serait la moisson. Guillaumette Dyonis, Simone la Bardine, Jeanne Chastenier, Opportune Jadoin et Robin le jardinier rangés autour du religieux, crièrent : « Amen ! »

Mais les bourgeois, qui se pressaient derrière en grande foule, tendirent l'oreille et froncèrent le sourcil, pensant que ce religieux annonçait l'entrée de Charles de Valois dans sa bonne ville, sur laquelle il voulait faire passer la charrue (du moins le croyaient-ils).

Cependant le bon frère poursuivait son sermon évangélique :

— Habitants de Paris, vous êtes pires que les païens de Rome.

Le bruit des veuglaires qui tiraient de la porte Saint-Denis se mêlait à la voix de frère Joconde et secouait le cœur des habitants. On cria dans la foule : « À mort les traîtres ! »

En ce moment même, messire Florimont Lecocq s'armait dans son hôtel. Il descendit au bruit sans avoir bouclé ses jambières. Voyant le moine sur sa borne, il demanda :

— Que dit ce bon père ?

Plusieurs voix répondirent :

— Il dit que Messire Charles de Valois va entrer dans la ville.

— Il est contre les habitants de Paris.

— Il veut nous décevoir et nous trahir, comme le frère Richard, qui en ce moment chevauche avec nos ennemis.

Et frère Joconde répondit :

— Il n'y a ni Armagnacs, ni Bourguignons, ni Français, ni Anglais, mais seulement les fils de la lumière et les fils des ténèbres. Vous êtes des paillards et vos femmes des ribaudes.

— Voire, apostat ! Sorcier ! Traître ! s'écria messire Florimont Lecocq.

Et tirant son épée, il l'enfonça dans la poitrine du bon frère.

Pâle, d'une voix faible, l'homme de Dieu dit encore :

— Priez, jeûnez, faites pénitence, et vous serez pardonnés, frères…

Sa voix s'étouffa dans un flot de sang, et il tomba sur le pavé. Deux chevaliers, sir John Stewart et sir Georges Morris, se jetèrent sur le corps et le percèrent de plus de cent coups de poignard en hurlant :

— Longue vie au roi Henri ! Longue vie à monseigneur le duc de Bedford ! Sus ! sus ! au dauphin ! Sus à la folle Pucelle des Armagnacs ! Aux portes ! Aux portes !

Et ils couraient aux murailles, entraînant avec eux messire Florimont et la foule des Parisiens.

Cependant, les saintes filles et le jardinier entouraient le corps sanglant. Simone la Bardine, prosternée à terre, baisait les pieds du bon frère et en essuyait le sang avec ses cheveux dénoués.

Mais Guillaumette Dyonis, debout et les bras levés au ciel, dit d'une voix claire comme le son des cloches :

— Mes sœurs, Jeanne, Opportune et Simone, et toi, mon frère Robin le jardinier, allons, car les temps sont proches. L'âme de ce bon père me tient par la main et elle me conduira. C'est pourquoi il faut que vous me suiviez. Et nous dirons à ceux qui se font une guerre cruelle : « Embrassez-vous. Et si vous voulez vous servir de vos armes, prenez la croix et allez tous ensemble combattre les Sarrasins. Venez ! mes sœurs et mon frère. »

Jeanne Chastenier ramassa à terre le bois d'une flèche, le rompit et en fit une croix qu'elle posa sur la poitrine du bon frère Joconde. Puis ces saintes filles, et avec elles le jardinier, suivirent Guillaumette Dyonis, qui les conduisit par les rues, les places et les venelles comme si ses yeux avaient vu la lumière du jour. Elles atteignirent le pied du rempart et, par l'escalier d'une tour qui n'était pas gardée, montèrent sur le mur. On n'avait pas eu le temps de le garnir de ses parements de bois. Aussi marchaient-elles à découvert. Elles allèrent vers la porte Saint-Honoré, enveloppée pour lors de poussière et de fumée. C'est là que les gens du maréchal de Rais donnaient l'assaut. Leurs traits volaient dru sur les remparts. Ils jetaient des bourrées dans l'eau du grand fossé. Et la Pucelle Jeanne, debout sur le dos d'âne qui séparait le grand fossé du petit, disait : « Rendez-vous au roi de France. » Les Anglais épouvantés avaient quitté le haut du mur, y laissant leurs morts et leurs blessés. Guillaumette Dyonis marchait la première, la tête haute, le bras gauche allongé devant elle. Et de sa main droite elle se signait pieusement. Simone la Bardine la suivait de près. Puis venaient Jeanne Chastenier, et Opportune Jadoin. Robin le jardinier cheminait le dernier, le corps tout secoué par un mal intérieur, et montrant les stigmates de ses mains. Ils chantaient des cantiques. Et Guillaumette, se tournant tour à tour du côté de la ville et du côté des champs, dit : « Frères, embrassez-vous les uns les autres. Vivez en paix. Du fer de vos lances forgez des socs de charrue. »

À peine avait-elle ainsi parlé que, du chemin de ronde, où défilait une compagnie de bourgeois et du dos d'âne où se pressaient les soudoyers armagnacs, volèrent vers elle les injures et les flèches.

— Ribaude !

— Traîtresse ! Sorcière !

Cependant elle exhortait les deux partis à établir le règne de Jésus-Christ sur la terre et à vivre dans l'innocence et l'amour, jusqu'à ce que, frappée d'un vireton à la gorge, elle chancela et tomba en arrière.

À l'envi, Armagnacs et Bourguignons éclatèrent de rire. Ayant ramené sa robe sur ses pieds, elle ne fit plus aucun mouvement et rendit l'âme en soupirant le nom de Jésus. Ses yeux restés ouverts avaient des lueurs d'opale.

Peu d'instants après la mort de Guillaumette Dyonis, les habitants de Paris revinrent en grand nombre sur le mur et défendirent leur ville très âprement. Jeanne la Pucelle fut blessée d'un trait d'arbalète à la jambe, et les hommes d'armes de messire Charles de Valois se retirèrent à la chapelle Saint-Denis. Ce que devinrent Jeanne Chastenier et Opportune Jadoin, on ne le sait pas. Jamais plus on n'eut de leurs nouvelles. Simone la Bardine et Robin le jardinier furent pris le jour même par les bourgeois de garde sur les murs et remis à l'official, qui instruisit leur procès. L'Église reconnut Simone hérétique et la mit, pour salutaire pénitence, au pain de douleur et à l'eau d'angoisse. Robin, convaincu de sorcellerie, persévéra dans son erreur et fut brûlé vif sur la place du Parvis.

Frère Jean Chavaray, capucin, un jour qu'il rencontra mon bon maître, M. l'abbé Coignard, dans le cloître des Innocents, l'entretint du frère Olivier Maillard, dont il venait de lire les sermons édifiants et macaroniques.

— Il y a de bons endroits dans ces sermons, dit le capucin, notamment, celui des cinq dames et de l'entremetteuse... Vous pensez bien que frère Olivier, qui vivait sous le règne de Louis XI et dont le langage se sent de la rudesse du temps, emploie un autre mot. Mais notre siècle veut qu'on soit poli et décent en paroles. C'est pourquoi je me sers de ce terme d'entremetteuse.

— Vous voulez, répondit mon bon maître, désigner ainsi une femme obligeante, qui s'entremet dans des commerces d'amour. En latin, nous l'appelons *lena, conciliatrix, internuntiata libidinum*, internonce des voluptés. Ces prudes femmes rendent les meilleurs offices ; mais elles s'y emploient pour de l'argent, ce qui fait qu'on ne croit pas à leur bon cœur. Nommez la vôtre une appareilleuse, mon père ; le terme est familier, mais il a de la grâce.

— Volontiers, monsieur l'abbé, répliqua frère Jean Chavaray. Mais ce n'est point la mienne ; c'est celle du frère Olivier. Une appareilleuse donc, qui logeait sur le pont des Tournelles, reçut un jour la visite d'un cavalier qui lui confia une bague.

» — Elle est d'or fin, lui dit-il, avec un rubis balais au chaton. Si vous connaissez des dames de bien, allez dire à la mieux faite que l'anneau est à elle, si elle consent à venir chez moi, pour en faire à mon plaisir.

» L'appareilleuse connaissait, pour les avoir vues à la messe, cinq dames d'une grande beauté, une Picarde, une Poitevine, une Tourangelle, une Lyonnaise et une Parisienne, qui logeaient en l'Île ou aux environs. Elle frappa d'abord à l'huis de la Picarde. Une servante lui ouvrit la porte, mais la dame refusa de parler à la visiteuse. Elle était honnête.

» L'appareilleuse alla ensuite chez la dame de Poitiers et la sollicita en faveur du beau cavalier. Cette dame lui répondit :

» — Faites savoir, je vous prie, à celui qui vous envoie, qu'il s'est trompé d'adresse, et que je ne suis pas la femme qu'il croit.

» Cette Poitevine est honnête ; mais elle l'est moins que la première, pour avoir voulu le paraître davantage.

» L'appareilleuse se rendit alors chez la dame de Tours, lui tint le même langage qu'à la précédente et lui montra l'anneau.

» — À la vérité, dit la Tourangelle, cette bague est belle.

» — Elle est à vous si vous la voulez.

» — Je ne la veux pas au prix où vous la mettez. Mon mari pourrait me surprendre et je lui ferais une peine qu'il ne mérite pas.

» Cette Tourangelle est fornicatrice dans le fond de son cœur.

» L'appareilleuse se rendit aussitôt chez la dame de Lyon, qui s'écria :

» — Hélas ! ma bonne vieille, mon mari est un jaloux qui me couperait le nez pour m'empêcher de gagner encore à ce joli jeu de bagues.

» Cette Lyonnaise ne vaut rien du tout.

» L'appareilleuse courut chez la Parisienne. C'était une coquine : elle répondit effrontément :

» — Mon mari va mercredi à ses vignes : dites à celui qui vous envoie que j'irai le voir ce jour-là."

» Voilà, selon frère Olivier, de la Picardie à Paris, les degrés du bien au mal chez les femmes. Qu'en pensez-vous, monsieur Coignard ? »

À quoi mon bon maître répondit :

— C'est une grande chose que de considérer les mouvements de ces petits êtres dans leurs rapports avec la justice éternelle. Je n'ai pas de lumières pour cela. Mais il me semble que la Lyonnaise, qui craignait d'avoir le nez coupé, valait moins que la Parisienne qui ne craignait rien.

— Je suis bien éloigné d'en convenir, répliqua frère Jean Chavaray. Une femme qui craint son mari pourra craindre l'enfer. Son confesseur l'induira peut-être à la pénitence et aux aumônes. Car enfin c'est là qu'il faut en venir. Mais qu'est-ce qu'un capucin peut attendre d'une femme que rien n'effraie ?

LA LEÇON BIEN APPRISE

Au temps du roi Louis onzième vivait à Paris, en chambre nattée, une bourgeoise nommée Violante, qui était belle et bien faite de toute sa personne. Elle avait si clair visage que maître Jacques Tribouillard, docteur en droit et cosmographe renommé, qui fréquentait chez elle, avait coutume de lui dire :

— En vous voyant, madame, je tiens pour croyable et même assuré ce que rapporte Cucurbitus Piger en une scolie de Strabo, à savoir que l'insigne cité et université de Paris fut autrefois nommée de nom de Lutèce ou Leucèce ou de tel autre semblable vocable revenant à *Leuké*, c'est-à-dire la Blanche, pour ce que les dames d'icelle avaient la gorge comme neige, mais non point toutefois autant candide, brillante et blanche que la vôtre, madame.

À quoi Violante répondait :

— Il me suffit que ma gorge ne soit pas à faire peur, comme plusieurs que je sais. Et, si je la montre, c'est pour suivre la mode. Il y a trop d'impertinence à faire autrement que les autres.

Or madame Violante s'était mariée, dans la fleur de sa jeunesse, à un avocat au parlement, homme très aigre et fort âpre à charger et grever les malheureux, au reste malingre et de faible complexion, et tel qu'on le croyait plus propre à donner de la peine au-dehors de son logis que du plaisir au-dedans. Ce bonhomme préférait à sa moitié ses sacs de procès qui n'étaient point faits comme elle. Ils étaient gros, enflés, informes. Et l'avocat passait ses nuits dessus. Madame Violante était trop raisonnable pour aimer un mari si peu aimable. Maître Jacques Tribouillard soutenait qu'elle était parfaitement sage, assurée, affirmée et confirmée en la foi conjugale autant que Lucrèce Romaine. Et il en donnait pour raison qu'il ne l'avait pu détourner de ses devoirs. Les hommes de bien se tenaient à ce sujet dans un doute prudent, par cette considération que ce qui est caché n'apparaîtra qu'au jugement dernier. Ils considéraient que cette dame aimait trop les joyaux et les dentelles et qu'elle portait aux assemblées et dans les églises des robes de velours, de soie et d'or, garnies de menu vair ; mais ils étaient trop honnêtes gens pour décider si, faisant damner les chrétiens qui la voyaient si belle et si bien nippée, elle ne se damnait point avec quelqu'un d'entre eux. Enfin ils eussent joué la vertu de madame Violante à croix ou pile, ce qui est fort à l'honneur de cette dame. À la vérité, son confesseur, frère Jean Turelure, la réprimandait sans cesse.

— Croyez-vous, madame, lui disait-il, que la bienheureuse Catherine soit arrivée au ciel en menant la vie que vous menez, en montrant sa gorge et en faisant venir de la ville de Gênes des manchettes de dentelles ?

Mais c'était un grand prêcheur, très sévère aux faiblesses humaines, qui ne pardonnait rien et croyait avoir tout fait quand il avait fait peur. Il la menaçait de l'enfer pour s'être lavé le visage avec du lait d'ânesse. Enfin on ne savait si elle avait congrûment coiffé son vieux mari, et messire Philippe de Coetquis disait plaisamment à cette honnête dame :

— Prenez-y garde ! Il est chauve, il va s'enrhumer !

Messire Philippe de Coetquis était un chevalier de bonne mine et beau comme un valet du noble jeu de cartes. Il avait rencontré madame Violante, un soir, dans un bal, et, après avoir dansé avec elle fort avant dans la nuit, il l'avait ramenée en croupe, tandis que l'avocat barbotait dans la boue et l'eau des ruisseaux, sous les torches dansantes de quatre laquais ivres. En ce bal et dans cette chevauchée, messire Philippe de Coetquis s'était formé l'idée que madame Violante avait la taille ronde et la chair bien pleine et bien ferme. Il l'en avait tout de suite aimée. Comme il était sans feinte, il lui disait ce qu'il désirait d'elle, qui était de la tenir toute nue dans ses bras.

À quoi elle répondait :

— Messire Philippe, vous ne savez à qui vous parlez. Je suis une dame vertueuse.

Ou bien :

— Messire Philippe, revenez demain.

Il revenait le lendemain. Et elle lui disait :

— Qui vous presse ?

Le chevalier concevait de ces retardements beaucoup d'inquiétude et de dépit. Il était près de croire, avec maître

Tribouillard, que madame Violante était une Lucrèce, tant il est vrai que tous les hommes se ressemblent par la fatuité ! Et il faut dire qu'elle ne lui avait pas seulement accordé de lui baiser la bouche, ce qui n'est pourtant qu'amusement bénin et légère mignardise.

Les choses en étaient là, quand frère Jean Turelure fut appelé à Venise par le général de son ordre, pour y prêcher des Turcs nouvellement convertis à la vraie religion.

Avant de partir, le bon frère alla prendre congé de sa pénitente et lui reprocha avec plus de sévérité que de coutume de mener une vie dissolue. Il l'exhorta vivement à la pénitence, et la pressa de se mettre un cilice sur la peau, incomparable remède contre les mauvais désirs et médecine sans seconde pour les créatures enclines aux péchés de la chair.

Elle lui dit :

— Bon frère, ne m'en demandez pas trop.

Mais il ne l'écouta pas et il la menaça de l'enfer si elle ne s'amendait point. Il lui dit ensuite qu'il ferait volontiers les commissions dont elle le chargerait. Il espérait qu'elle le prierait de rapporter pour elle quelque médaille bénite, un rosaire ou mieux encore un peu de cette terre du Saint-Sépulcre que les Turcs apportent de Jérusalem avec des roses séchées et que vendent les moines italiens. Mais madame Violante lui fit cette requête :

— Beau petit frère, puisque vous allez à Venise où il y a d'habiles miroitiers, je vous serai fort obligée de m'en rapporter un miroir, le plus clair qu'il se pourra trouver.

Frère Jean Turelure promit de la contenter.

Pendant l'absence de son confesseur, madame Violante mena la même vie que devant. Et quand messire Philippe lui disait : « Ne ferait-il pas bon nous aimer ? » elle répondait : « Il fait trop chaud. Regardez à la girouette si le vent ne change point. » Et les gens de bien, qui l'observaient, désespéraient qu'elle donnât jamais des cornes à son vilain mari. « C'est péché », disaient-ils.

À son retour d'Italie, frère Jean Turelure se présenta devant madame Violante et lui dit qu'il avait ce qu'elle souhaitait :

— Regardez-vous, madame.

Et il tira de dessous sa robe une tête de mort.

— C'est, madame, votre miroir. Car cette tête m'a été donnée pour celle de la plus jolie femme de Venise. Elle fut ce que vous êtes, et vous lui ressemblerez beaucoup.

Madame Violante, surmontant sa surprise et son dégoût, répondit au bon père avec assez de fermeté qu'elle entendait la leçon et qu'elle ne manquerait pas d'en profiter.

— J'aurai présent à l'esprit, beau frère, le miroir que vous m'avez apporté de Venise, où je me vois non sans doute telle que je suis à présent, mais telle que je serai bientôt. Je vous promets de régler ma conduite sur cette idée. »

Frère Jean Turelure ne s'attendait pas à de si bons propos. Il en témoigna quelque satisfaction.

— Donc, madame, vous concevez vous-même qu'il faut changer de sentiments. Vous me promettez de régler désormais votre conduite sur l'idée que cette tête décharnée vous vient de donner. Ne le promettez-vous point à Dieu comme à moi ?

Elle demanda :

— Le faut-il donc ?

Il répondit qu'il le fallait.

— Je le ferai donc, dit-elle.

— Madame, voilà qui est bien. Il n'y a plus à s'en dédire.

— Je ne m'en dédirai point.

Ayant ouï cette promesse, frère Jean Turelure quitta la place, tout joyeux.

Et il s'en alla criant par la rue :

— Voilà qui va bien ! Avec l'aide de Dieu, Notre-Seigneur, j'ai viré et poussé devers la porte du paradis une dame qui jusqu'ici, sans forniquer précisément dans la manière que dit le prophète (c. XIV, v. 18), employait à tenter les hommes le limon dont le créateur l'avait pétrie afin de le servir et de l'adorer. Elle quittera ces façons pour en prendre de meilleures. Je l'ai bien changée. Dieu soit loué !

Le bon frère avait à peine descendu l'escalier, quand messire Philippe de Coetquis le monta et gratta à la porte de madame Violante. Elle le reçut d'un air riant et le conduisit en un petit retrait, garni de tapis et de coussins à force, où il n'était point encore venu. De quoi il augura bien. Il lui offrit des dragées qu'il avait dans une boîte :

— Sucez, sucez, madame ; elles sont douces et sucrées, mais non point tant que vos lèvres.

À quoi la dame répliqua qu'il était bien vain et un peu sot de vanter un fruit où il n'avait pas mordu.

Il répondit à propos en la baisant sur la bouche.

Elle ne s'en fâcha guère et dit seulement qu'elle était femme d'honneur. Il l'en loua et lui conseilla de ne pas enfermer cet honneur en tel particulier logis où l'on pouvait atteindre. Car, sûrement, on le lui prendrait, et tout à l'heure.

— Essayez, dit-elle en lui donnant de petits soufflets avec le creux rose de sa main.

Mais il était déjà maître de tout prendre selon son désir. Elle criait :

— Je ne veux point. Fi ! fi ! Messire, vous ne ferez point cela. Mon ami… mon cœur !… Je meurs.

Et quand elle eut fini de soupirer et d'expirer, elle dit gracieusement :

— Messire Philippe, ne vous flattez point de m'avoir prise par force ou par surprise. Si vous avez eu de moi ce que vous vouliez, c'est de mon gré, et je n'ai fait de défense qu'autant qu'il fallait pour être vaincue à souhait. Doux ami, je suis vôtre. Si malgré votre beauté dont je fus d'abord charmée, au mépris de la douceur de votre amitié, je ne vous avais point accordé encore ce que vous venez de prendre avec mon consentement, c'est que je n'avais point de réflexion ; je ne me sentais point pressée par le temps, et, plongée dans une molle indolence, je ne tirais nul bien de ma jeunesse et de ma beauté. Mais le bon frère Jean Turelure m'a donné une leçon profitable. Il m'a enseigné le prix des heures. Tantôt, me montrant une tête de mort, il m'a dit : « Telle vous serez bientôt. » J'en ai conçu l'idée qu'il faut se hâter de faire l'amour et bien remplir le petit espace de temps qui nous est réservé pour cela.

Ces paroles et les caresses dont madame Violante les accompagna persuadèrent messire Philippe de bien employer le temps, d'agir de nouveau à son honneur et profit, pour le plaisir et la gloire de sa maîtresse, et de multiplier les preuves certaines que doit donner en une telle occasion tout bon et loyal serviteur.

Après quoi, la dame le tint quitte. Elle le reconduisit jusqu'à la porte, le baisa gracieusement sur les yeux et lui dit :

— Ami Philippe, n'est-ce pas bien faire que de suivre les préceptes du bon frère Jean Turelure ?

LE PÂTÉ DE LANGUES

Satan était couché dans son lit aux courtines flamboyantes. Les médecins et apothicaires de l'enfer, lui trouvant la langue blanche, en induisirent qu'il souffrait d'une faiblesse d'estomac et lui ordonnèrent de prendre une nourriture à la fois fortifiante et légère.

Satan déclara n'avoir d'appétit que pour un certain mets terrestre, que préparent excellemment les femmes dans leurs assemblées, un pâté de langues.

Les médecins reconnurent que rien ne pourrait mieux convenir à l'estomac du roi.

Au bout d'une heure Satan fut servi. Mais il trouva le mets fade et sans saveur.

Il fit appeler son chef de cuisine et lui demanda d'où venait ce pâté.

— De Paris, Sire. Il est tout frais : et cuit le matin même, au Marais, par douze commères, dans la ruelle d'une accouchée.

— Je m'explique maintenant qu'il soit insipide, reprit le prince des Enfers. Vous ne l'avez pas pris chez les bonnes faiseuses. À ces sortes de mets les bourgeoises travaillent de leur mieux, mais elles n'ont point de finesse et le génie leur manque. Les femmes du commun s'y connaissent moins encore. Pour avoir un bon pâté de langues, il faut l'aller chercher dans un couvent de femmes. Il n'y a que les vieilles religieuses qui sachent y mettre tous les ingrédients nécessaires, belles épices de rancune, thym de médisance, fenouil d'insinuations, laurier de calomnie.

Cette parabole est tirée d'un sermon du bon père Gillotin Landoulle, capucin indigne.

DE UNE HORRIBLE PAINCTURE

De vne horrible paincture qui fust veüe en ung temple et de plusieurs tableaux bien pacificques et amoureux que le saige Philémon avoit pendus en son eslude et de vn beau pourtraict de Homerus que ledict Philémon prisait plus que toutes autres painctures.

Philémon confessoit qu'en l'aigreur de son ieune aage et à la fine pointe de son verd printemps auoit été picqué de fureur homicide par la veüe d'vn tableau de Appelles qui estoit pour lors pendu en vn temple, et ledict tableau présentoit Alexandre greuant de coups bien roides Darie, roi des Indians, ce pendant qu'autour de ces deux rois des soldats et capitaines s'entre-tuoient à grande furie et bien curieusement. Et ledict ouvrage estoit d'vn bel artifice et en semblance de nature. Et nulz, s'ilz estoient en la chaulde saison de leur vie, n'y pouuoient ietter vn regard sans estre incitéz tout aussitost à férir et à meurtrir de poures innocentes gents pour le seul plaisir de porter vn tel riche harnois et de cheuaucher de telz légiers cheuaux comme faisoient ces bons couillons dans leur battaille, car l'vsage des cheuaux et des armes est plaisant aux iouuenceaux. L'auoit esprouué ledict Philémon. Et disoit que depuis lors se détournoit par vsage et raison de telz pourtraicts de guerres et qu'il détestoit trop les cruelletés pour les souffrir seulement feinctes et contrefaictes.

Et souloit dire qu'vn prud'homme honneste et saige debuoit estre grandement offensé et escandalisé de ces armures et pauois terrificques et de cette engeance que Homerus nomme Corythaiole pour l'espouuantable laideur de leur morion, et que les ymaiges d'iceulx soudards estoient vrayement deshonnestes, pour contraires aux bonnes et paisibles mœurs ; impudicques, n'ayant rien au monde de plus impudent que l'homicide ; et lasciues comme faisant glisser à cruauté ; ce qui est la pire glissade. Car d'estre glissant à doulceur, le mal n'est pas grand.

Et disoit ledict Philémon qu'il estoit honneste, décent, exemplaire et tout pudicque de monstrer en paincture, ciselure ou tel autre bel artifice les exemples de l'aage d'or, scauoir pucelles et ieunes hommes enlacés selon le désir de bonne nature, ou encore telle autre imagination plaisante, comme d'vne nymphe couchée et riant. Et sur son beau rire vn faune presse vne grappe de raisin vermeil.

Et disoit que possible l'aage d'or n'auoit flouri que dans le gentil esprit des poëtes et que les premiers humains, encore rudes et imbéciles, ne l'auoient mie connu ; ainsi que s'il n'estoit pas croyable qu'il eust esté au commencement du monde, il estoit souhaitable que il fust à la fin, et qu'en attendant y auoit bonne grace à nous le donner en ymaige.

Et autant (comme il disoit) est obscène, ce qui est à dire dans la fange, ainsi que escript Virgile, en ses Géorgiques, des chiens crottez, de montrer meurdriers, soudards, paillards, drilles, conquérants et larrons, besongnant de façon orde et mauuaise, et poures diables chus dans la poussière que ilz avalent à plein gosier et vn malchancheux estendu et taschant à se redresser mais ne le pouuant pour ce que le sabot d'un cheual lui pèse sur les mandibules, et cettuy qui regarde bien piteusement que son pennon luy a esté abattu et la main auec, autant il est soubtil et quasi céleste de faire paraistre blandices, caresses, mignardises, charitez et vénustez et les amours des nymphes auec les faunes dans les bois. Et disoit qu'il n'y auoit point de mal en ces corps nudz, assez vestus de grace et de beaulté.

Et auoit en son cabinet, ledict Philémon, vne paincture bien merueilleuse où l'on voyoit vn ieune Faune qui, tirant d'une main cauteleuse vn légier drappeau, descouvroit le ventre d'vne nymphe endormie. Estoit visible que il y prenoit plaisir et sembloit dire : « Le corps de cette ieune déesse est tant doulx et affraichissant que la source qui coule dans l'vmbre de la forest ne l'est point dauantage. Que vous m'agréez, plaisant giron, cuisses blanchettes, antre vmbreux, tant horrible et fauorable ! » Des enfanteletz aislez, qui voletoient au-dessus d'eux, les regardoient en riant, ce pendant des dames et des gentilshommes coiffez de chapeaux de fleurs, dansoient sur l'herbe nouuelle.

Et auoit, ledict Philémon, autres painctures d'vn bel artifice en son cabinet. Et prisoit aussi très haut le pourtraict de vn bon docteur en son estude, escripvant sur sa table à la chandelle. Ladicte estude toute guarnie de sphères, gnomons et astrolabes, propres à mesurer les mouuements des astres, ce qui est vne occupation bien louable et portant l'esprit aux pensées sublimes, et au très pur amour de Vénus vranie. Et estoit au plancher de ladicte estude vn grand serpent et croccodile pour ce que sont pièces rares et bien nécessaires à la cognoissance de anatomie. Et auoit aussi, ledict docteur, emmi ses besongnes, les livres des plus excellents philosophes de l'Antiquité et les traittez de Hippocrates. Et estoit en exemple aux ieunes hommes qui voulussent mettre par labeur en leur teste autant de bonnes doctrines et de beaux secretz comme il en auoit sous son bonnet.

Et auoit, ledict Philémon, en vne tablette polie comme miroüer vn pourtraict de Homerus en façon de vn vieil homme aueugle, la barbe flourie comme aubépine et les tempes ceintes des bandelettes sacrées de ce Dieu Apollo qui l'auoit aimé entre tous les hommes. Et l'on cuidoit, à vëoir cettuy bon vieillard, qu'alloient s'ouvrir ses levres bien sonnantes.

Le 1ᵉʳ janvier, au matin, le bon M. Chanterelle sortit à pied de son hôtel du faubourg Saint-Marcel. Frileux et marchant avec peine, il lui en coûtait d'aller au froid par les rues trempées de neige fondue. Il avait laissé son carrosse par esprit de mortification, étant devenu, depuis sa maladie, très attentif au salut de son âme. Il vivait éloigné des sociétés et des compagnies, et ne faisait de visites qu'à sa nièce, mademoiselle de Doucine, âgée de sept ans.

Appuyé sur sa canne, il parvint péniblement à la rue Saint-Honoré et entra dans la boutique de madame Pinson, au *Panier fleuri*. On y voyait, en abondance, des jouets d'enfants, étalés pour les étrennes de l'an de grâce 1696, et l'on avait peine à se mouvoir au milieu des automates danseurs et buveurs, des buissons d'oiseaux qui chantaient, des cabinets pleins de figures de cire, des soldats en habit blanc et bleu rangés en bataille et des poupées habillées les unes en dames, les autres en servantes, car l'inégalité, établie par Dieu lui-même dans les conditions humaines, paraissait jusque dans ces figures innocentes.

M. Chanterelle fit choix d'une poupée. Celle qu'il préféra était vêtue comme madame la princesse de Savoie à son arrivée en France, le 4 de novembre. Coiffée avec des coques et des rubans, elle portait un corps très raide, brodé d'or, et une jupe de brocart avec un pardessus relevé par des agrafes de perles.

M. Chanterelle sourit en pensant à la joie qu'une si belle poupée donnerait à mademoiselle de Doucine, et quand madame Pinson lui tendit la princesse de Savoie enveloppée dans du papier de soie, un éclair de sensualité passa sur son aimable visage, aminci par la souffrance, pâli par le jeûne, défait par la peur de l'enfer.

Il remercia poliment madame Pinson, prit la princesse sous son bras et s'en alla, traînant la jambe, vers la maison où il savait que mademoiselle de Doucine l'attendait à son lever.

Au coin de la rue de l'Arbre-Sec, il rencontra M. Spon, dont le grand nez descendait jusque dans son jabot de dentelle.

« Bonjour, monsieur Spon, lui dit-il, je vous souhaite une bonne année et je demande à Dieu que tout succède à vos désirs.

— Oh ! monsieur, ne parlez point ainsi, s'écria M. Spon. C'est souvent pour notre châtiment que Dieu contente nos désirs. *Et tribuit eis petitionem eorum.*

— Il est bien vrai, répondit M. Chanterelle, que nous ne savons pas discerner nos véritables intérêts. J'en suis un exemple, tel que vous me voyez. J'ai cru d'abord que la maladie dont je souffre depuis deux ans était un mal : et je vois aujourd'hui qu'elle est un bien, puisqu'elle m'a retiré de la vie abominable que je menais dans les spectacles et dans les compagnies. Cette maladie, qui me rompt les jambes et me trouble la cervelle, est une grande marque de la bonté de Dieu à mon égard. Mais ne m'accorderez-vous pas, monsieur, la faveur de m'accompagner au Roule où je vais porter des étrennes à ma nièce, mademoiselle de Doucine ? »

À ces mots, M. Spon leva les bras en l'air et poussa un grand cri :

« Quoi ! dit-il. Est-ce bien M. Chanterelle que j'entends ? N'est-ce pas plutôt un libertin ? Se peut-il, monsieur, que, menant une vie sainte et retirée, je vous voie tout à coup donner dans les vices du siècle ?

— Hélas ! je n'y croyais pas donner, répondit M. Chanterelle tout tremblant. Mais j'ai grand besoin de lumières. Y a-t-il donc un si grand mal à offrir une poupée à mademoiselle de Doucine ?

— Il y en a un très grand, répondit M. Spon. Et ce que vous offrez aujourd'hui à cette simple enfant doit moins s'appeler poupée qu'idole et figure diabolique. Ne savez-vous point que la coutume des étrennes est une superstition coupable et un reste hideux du paganisme ?

— Je l'ignorais, dit M. Chanterelle.

— Apprenez donc, dit M. Spon, que cette coutume vient des Romains qui, voyant quelque chose de divin dans tous les commencements, divinisaient le commencement de l'année. En sorte qu'agir comme eux est se faire idolâtre. Vous donnez des étrennes, monsieur, à l'imitation des adorateurs du dieu Janus. Achevez et consacrez, comme eux, à Junon le premier jour de chaque mois. »

M. Chanterelle, ayant grand-peine à se tenir, pria M. Spon de lui donner le bras et, tandis qu'ils cheminaient, M. Spon poursuivit de la sorte :

« Est-ce parce que les astrologues ont fixé au 1^{er}er de janvier le commencement de l'année que vous vous croyez obligé à faire des présents ce jour-là ? Et quel besoin avez-vous de ranimer à cette date la tendresse de vos amis ? Cette tendresse était-elle expirante avec l'année ? Et vous sera-telle bien chère quand vous l'aurez regagnée par des flatteries et de funestes dons ?

— Monsieur, répondit le bon M. Chanterelle, appuyé sur le bras de M. Spon, et s'efforçant de régler son pas chancelant sur celui de son impétueux compagnon, « monsieur, je n'étais, avant ma maladie, qu'un misérable pécheur, n'ayant souci que de traiter mes amis avec civilité et de régler ma conduite sur les principes de la probité et de l'honneur. La Providence a daigné me tirer de cet abîme ; je me gouverne depuis ma conversion par les avis de mon directeur. Mais j'ai été assez léger et vain pour ne le point interroger à l'endroit des étrennes. Ce que vous m'en dites, monsieur, avec l'autorité d'un homme excellent pour les mœurs comme pour la doctrine, me confond.

— Je vais vous confondre en effet, reprit M. Spon, et vous éclairer, non par mes lumières, qui sont faibles, mais par celles d'un grand docteur. Asseyez-vous sur cette borne. »

Et, poussant au coin d'une porte cochère M. Chanterelle, qui s'y ajusta le mieux qu'il put, M. Spon tira de sa poche un petit livre relié en parchemin, l'ouvrit, le feuilleta et s'arrêta sur cet endroit, qu'il se mit à lire tout haut, dans un cercle de ramoneurs, de chambrières et de marmitons, accourus aux éclats de sa voix :

« "Nous qui avons en horreur les fêtes des juifs, et qui trouverions étranges leurs sabbats, leurs nouvelles lunes, et les solennités autrefois chéries de Dieu, nous nous familiarisons avec les saturnales et les calendes de janvier, avec les matronales et les brumes ; les étrennes marchent, les présents volent de toutes parts ; ce ne sont en tous lieux que jeux et banquets. Les païens observent mieux leur religion, car ils se gardent de solenniser aucune de nos fêtes, de peur de paraître chrétiens, tandis que nous ne craignons pas de paraître païens en célébrant leurs fêtes." »

« Vous avez entendu, ajouta M. Spon. C'est Tertullien qui parle de la sorte et vous fait paraître du fond de l'Afrique, monsieur, l'indignité de votre conduite. Il vous crie : "Les étrennes marchent ; les présents volent de toutes parts. Vous solennisez les fêtes des païens." Je n'ai pas l'honneur de connaître votre directeur. Mais je frémis, monsieur, à la pensée de l'abandon où il vous laisse. Êtes-vous sûr au moins qu'au jour de votre mort, quand vous paraîtrez devant Dieu, il sera à votre côté, pour prendre sur lui les péchés où il vous aura laissé choir ? »

Ayant parlé de la sorte, il remit son livre dans sa poche et s'en alla d'un pas irrité, suivi de loin par les ramoneurs et les marmitons étonnés.

Le bon M. Chanterelle restait seul sur sa borne, avec la princesse de Savoie, et, songeant qu'il s'exposait aux peines de l'enfer éternel pour donner une poupée à mademoiselle de Doucine, sa nièce, il méditait les mystères insondables de la religion.

Ses jambes, déjà chancelantes depuis plusieurs mois, refusaient de le soutenir, et il était aussi malheureux qu'un homme de bonne volonté peut l'être en ce monde.

Il y avait déjà quelques minutes qu'il demeurait en détresse sur sa borne, quand un capucin s'approcha de lui et lui dit :

« Monsieur, ne donnerez-vous point des étrennes aux petits frères qui sont pauvres, pour l'amour de Dieu ?

— Eh ! quoi, mon père, répliqua vivement M. Chanterelle, vous êtes religieux et vous me demandez des étrennes !

— Monsieur, répondit le capucin, le bon saint François a voulu que ses fils se réjouissent avec simplicité. Donnez aux capucins de quoi faire un bon repas en ce jour, afin de pouvoir souffrir avec allégresse l'abstinence et le jeûne tout le reste de l'année, hormis, bien entendu, les dimanches et fêtes. »

M. Chanterelle regarda le religieux avec surprise :

« Ne craignez-vous pas, mon père, que l'usage des étrennes ne soit funeste à l'âme ?

— Non ! je ne le crains pas.

— Cet usage nous vient des païens.

— Les païens suivaient parfois de bonnes coutumes. Dieu permettait qu'un peu de sa lumière perçât les ténèbres de la Gentilité. Monsieur, si vous nous refusez des étrennes, n'en refusez pas à nos pauvres enfants. Nous élevons les enfants abandonnés. Avec ce petit écu j'achèterai à chacun un petit moulin de papier et une galette. Ils vous devront le seul plaisir peut-être de toute leur vie, car ils ne sont pas destinés à beaucoup de joie sur la terre. Leur rire en montera jusqu'au ciel. Quand ils rient, les enfants louent le Seigneur. »

M. Chanterelle mit sa bourse assez lourde dans la main du petit père et se leva de dessus sa borne en murmurant la parole qu'il venait d'entendre :

« Quand ils rient, les enfants louent le Seigneur. »

Puis, l'âme rassérénée, il s'en alla d'un pas affermi porter la princesse de Savoie à mademoiselle de Doucine, sa nièce.

Mon bon maître, M. l'abbé Jérôme Coignard, m'avait mené souper chez un de ses anciens condisciples qui logeait dans un grenier de la rue Gît-le-Cœur. Notre hôte, prémontré de grand savoir et bon théologien, s'était brouillé avec le prieur de son couvent pour avoir fait un petit livre des malheurs de mam'zelle Fanchon ; en suite de quoi il était devenu cafetier à La Haye. De retour en France, il vivait péniblement des sermons qu'il composait avec beaucoup de doctrine et d'éloquence. Après le souper, il nous avait lu ces malheurs de mam'zelle Fanchon, source des siens, et la lecture avait duré assez longtemps ; et je me trouvai dehors, avec mon bon maître, par une nuit d'été merveilleusement douce, qui me fit concevoir tout de suite la vérité des fables antiques qui se rapportent aux faiblesses de Diane, et sentir qu'il est naturel d'employer à l'amour les heures argentées et muettes. J'en fis l'observation à M. l'abbé Coignard, qui m'objecta que l'amour cause de grands maux.

« Tournebroche, mon fils, me dit-il, ne venez-vous pas d'entendre de la bouche de ce bon prémontré que, pour avoir aimé un sergent recruteur, un commis de M. Gaulot, mercier à la Truie-qui-file, et M. le fils cadet du lieutenant criminel Leblanc, mam'zelle Fanchon fut mise à l'hôpital ? Voudriezvous être ce sergent, ce commis ou ce cadet de robe ? »

Je répondis que je le voudrais. Mon bon maître me sut gré de cet aveu et il me récita quelques vers de Lucrèce pour me persuader que l'amour est contraire à la tranquillité d'une âme vraiment philosophique.

Ainsi devisant, nous étions parvenus au rond-point du Pont-Neuf. Accoudés au parapet, nous regardâmes la grosse tour du Châtelet, noire sous la lune.

« Il y aurait beaucoup à dire, soupira mon bon maître, sur cette justice des nations polies, dont les vengeances sont plus cruelles que le crime même. Je ne crois pas que ces tortures et que ces peines, qu'infligent des hommes à des hommes, soient nécessaires à la conservation des États, puisqu'on retranche de temps à autre quelqu'unes des cruautés légales, sans dommage pour la république. Et je devine que les sévérités qu'on garde ne sont pas plus utiles que n'étaient celles qu'on a abandonnées. Mais les hommes sont cruels. Venez, Tournebroche, mon ami ; il m'est pénible de songer que des malheureux veillent sous ces murs dans l'angoisse et le désespoir. L'idée de leurs fautes ne m'empêche pas de les plaindre. Qui de nous est juste ? »

Nous poursuivîmes notre chemin. Le pont était désert, à cela près qu'un mendiant et une mendiante s'y rencontrèrent. Ils se blottirent dans une des demi-lunes, sur le seuil d'une échoppe. Ils semblaient assez contents l'un et l'autre de mêler leurs misères et, quand nous passâmes près d'eux, ils songeaient à tout autre chose qu'à implorer notre charité. Pourtant, mon bon maître, qui était le plus pitoyable des hommes, leur jeta un liard qui demeurait seul dans la poche de sa culotte.

« Ils recueilleront notre obole, dit-il, quand ils auront repris le sentiment de leur détresse. Puissent-ils alors ne pas se disputer cette pièce avec trop de violence. »

Nous passâmes outre, sans plus faire de rencontre, quand, sur le quai des Oiseleurs, nous avisâmes une jeune demoiselle qui marchait avec une résolution singulière. Ayant hâté le pas pour l'observer de plus près, nous vîmes qu'elle avait une taille fine et des cheveux blonds dans lesquels se jouaient les clartés de la lune. Elle était vêtue comme une bourgeoise de la ville.

« Voilà une jolie fille, dit l'abbé ; d'où vient qu'elle se trouve seule dehors, à cette heure ?

— En effet, dis-je, ce n'est pas ce qu'on rencontre d'ordinaire sur les ponts après le couvre-feu. »

Notre surprise se changea en une vive inquiétude quand nous la vîmes descendre sur la berge par un petit escalier fréquenté des mariniers. Nous courûmes à elle. Mais elle ne parut point nous entendre. Elle s'arrêta au bord des eaux qui étaient assez hautes, et dont le bruit sourd s'entendait à quelque distance. Elle demeura un moment immobile, la tête droite et les bras pendants, dans l'attitude du désespoir. Puis, inclinant son col gracieux, elle porta les mains à ses joues, qu'elle tint cachées durant quelques secondes sous ses doigts. Et tout de suite après, brusquement, elle saisit ses jupes et les ramena en avant du geste habituel à une femme qui va s'élancer. Mon bon maître et moi, nous la joignîmes au moment où elle prenait cet élan funeste, et nous la tirâmes vivement en arrière. Elle se débattit dans nos bras. Et comme la berge était toute grasse et glissante du limon déposé par les eaux (car la Seine commençait à décroître), il s'en fallut de peu que M. l'abbé Coignard ne fût entraîné dans la rivière. J'y glissais moi-même. Mais le bonheur voulut que mes pieds rencontrassent une racine qui me servit d'appui, pendant que je tenais embrassés le meilleur des maîtres et cette jeune désespérée. Bientôt, à bout de force et de courage, elle se laissa aller contre la poitrine de M. l'abbé Coignard, et nous pûmes remonter tous trois la berge. Il la soutenait délicatement, avec cette grâce aisée qui ne le quittait pas. Et il la conduisit jusque sous un gros hêtre au pied duquel était un banc de bois où il l'assit.

Il y prit place lui-même.

« Mademoiselle, lui dit-il, ne craignez rien. Ne dites rien encore, mais sachez qu'un ami est près de vous. »

Puis, se tournant vers moi, mon maître me dit :

« Tournebroche, mon fils, il faut nous réjouir d'avoir mené à bonne fin cette étrange aventure. Mais j'ai laissé là-bas, sur la berge, mon chapeau, qui, bien que dépouillé de presque tout son galon et fatigué par un long usage, ne laissait point de garantir encore du soleil et de la pluie ma tête offensée par l'âge et les travaux. Va voir, mon fils, s'il se trouve encore à l'endroit où il est tombé. Et si tu l'y découvres rapporte-le-moi, je te prie, ainsi qu'une boucle de mes souliers, que je vois que j'ai perdue. Pour moi, je resterai près de cette jeune demoiselle et je veillerai sur son repos. »

Je courus à l'endroit d'où nous venions et je fus assez heureux pour y retrouver le chapeau de mon bon maître. Quant à la boucle, je ne pus la découvrir. Il est vrai que je ne pris pas un extrême soin à la chercher, n'ayant vu, de ma vie, mon bon maître qu'avec une seule boucle de soulier.

Quand je revins au hêtre, je trouvai la jeune demoiselle dans l'état où je l'avais laissée, assise, immobile, la tête appuyée contre l'arbre. Je m'aperçus qu'elle était parfaitement belle. Elle portait une mante de soie garnie de dentelles, et fort propre, et elle était chaussée d'escarpins dont les boucles reflétaient les rayons de la lune.

Je ne me lassais pas de la considérer. Soudain, elle ranima ses yeux mourants et, jetant sur M. Coignard et sur moi un regard encore voilé, elle dit d'une voix éteinte, mais d'un ton qui me sembla celui d'une personne de qualité :

« J'apprécie, messieurs, ce que vous avez fait pour moi dans un sentiment d'humanité ; mais je ne puis vous en marquer mon contentement, car la vie à laquelle vous m'avez rendue est un mal haïssable et un cruel supplice. »

En entendant ces paroles, mon bon maître, dont le visage exprimait la compassion, sourit doucement, parce qu'il ne croyait pas que la vie fût à jamais haïssable pour une si jeune et jolie personne.

« Mon enfant, lui dit-il, les choses ne nous font point la même impression, selon qu'elles sont proches ou lointaines. Il n'est pas temps de vous désoler. Fait comme je suis et dans l'état où m'a réduit le temps injurieux, je supporte la vie où j'ai pour plaisirs de traduire du grec et de dîner quelquefois avec d'assez honnêtes gens. Regardez-moi, mademoiselle, et dites-moi si vous consentiriez à vivre dans les mêmes conditions que moi ? »

Elle le regarda ; ses yeux s'égayèrent presque, et elle secoua la tête. Puis, reprenant sa tristesse et sa désolation, elle dit :

« Il n'y a pas au monde une créature aussi malheureuse que je suis.

— Mademoiselle, répondit mon bon maître, je suis discret par état et par tempérament ; je ne chercherai point à vous tirer votre secret. Mais on voit clairement à votre mine que vous souffrez d'une peine d'amour. Et c'est un mal dont on réchappe, car j'en ai été moi-même atteint. Il y a de cela fort longtemps. »

Il lui prit la main, lui donna mille témoignages de sympathie et poursuivit en ces termes :

« Je n'ai qu'un regret à cette heure, c'est de ne pouvoir vous offrir un asile pour passer le reste de la nuit. Mon gîte est dans un vieux château assez distant, où je traduis un livre grec en compagnie de ce jeune Tournebroche que vous voyez ici. »

En effet, nous habitions alors chez M. d'Astarac, au château des Sablons, dans le village de Neuilly, et nous étions aux gages d'un grand souffleur qui périt, depuis, d'une mort tragique.

« Si toutefois, mademoiselle, ajouta mon bon maître, vous saviez quelque lieu où vous pensiez pouvoir vous rendre, je serai heureux de vous y accompagner. »

À quoi la jeune demoiselle répondit qu'elle était sensible à tant de bonté, qu'elle logeait chez une parente où elle était assurée d'entrer à toute heure, mais qu'elle n'y voulait point retourner avant le jour, tant pour n'y point troubler le sommeil des gens que par crainte d'être trop vivement rappelée à la douleur par la vue des objets qui lui étaient familiers.

En prononçant ces paroles, elle versa des larmes abondantes.

Mon bon maître lui dit :

« Mademoiselle, donnez-moi, s'il vous plaît, votre mouchoir et je vous en essuierai les yeux. Puis je vous conduirai, en attendant le jour, sous les piliers des Halles où nous serons assis commodément à l'abri du serein. »

La jeune demoiselle sourit dans ses larmes.

« Je ne veux point, dit-elle, vous donner tant de peine. Allez votre chemin, monsieur, et croyez que vous emportez toute ma reconnaissance. »

Pourtant elle posa la main sur le bras que lui tendait mon bon maître et nous prîmes tous trois le chemin des Halles. La nuit s'était beaucoup rafraîchie. Dans le ciel qui commençait à prendre une teinte laiteuse, les étoiles devenaient plus pâles et plus légères. Nous entendions les premières voitures des maraîchers rouler vers les Halles au pas lent d'un cheval endormi. Parvenus aux piliers, nous prîmes place tous trois dans l'embrasure d'un porche à l'image Saint-Nicolas, sur un degré de pierre que M. l'abbé Coignard prit soin de recouvrir de son manteau, avant d'y faire asseoir la jeune demoiselle.

Là, mon bon maître tint sur divers sujets des propos plaisants et joyeux à dessein, afin d'écarter les images funestes qui pouvaient assaillir l'âme de notre compagne. Il lui dit qu'il tenait cette rencontre pour la plus précieuse qu'il eût jamais faite dans sa vie, qu'il emporterait d'une si touchante personne un cher souvenir, sans vouloir lui demander son nom et son histoire.

Mon bon maître pensait peut-être que l'inconnue dirait ce qu'il ne lui demandait pas. Elle versa de nouveau des larmes, poussa de grands soupirs et dit :

« J'aurais tort, monsieur, de répondre par le silence à votre bonté. Je ne crains pas de me confier à vous. Je me nomme Sophie T***. Vous l'aviez deviné : c'est la trahison d'un amant trop chéri qui m'a réduite au désespoir. Si vous jugez que ma douleur est démesurée, c'est que vous ne savez point jusqu'où allaient ma confiance et mon aveuglement, et que vous ignorez à quel rêve enchanteur je viens d'être arrachée. »

Puis, levant ses beaux yeux sur M. Coignard et sur moi, elle poursuivit de la sorte :

« Je ne suis pas telle, messieurs, que cette rencontre nocturne pourrait me faire paraître à vos yeux. Mon père était marchand. Il alla, pour son négoce, à l'Amérique, et il périt, à son retour, dans un naufrage, avec ses marchandises. Ma mère fut si touchée de cette perte qu'elle en mourut de langueur, me laissant, encore enfant, à une tante qui prit soin de m'élever. Je fus sage jusqu'au moment où je rencontrai celui dont l'amour devait me causer des joies inexprimables, suivies de ce désespoir où vous me voyez plongée. »

À ces mots, Sophie cacha ses yeux dans son mouchoir.

Puis elle reprit en soupirant :

« Son état dans le monde était si fort au-dessus du mien, que je ne pouvais prétendre à lui appartenir qu'en secret. Je me flattais qu'il me serait fidèle. Il me disait qu'il m'aimait et il me persuadait sans peine. Ma tante connut nos sentiments et elle ne les contraria pas, parce que son amitié pour moi la rendait faible et que la qualité de mon cher amant lui imposait. Je vécus un an dans une félicité qui vient de finir en un moment. Ce matin, il est venu me demander chez ma tante où j'habite. J'étais hantée de noirs pressentiments. Je venais de briser, en me coiffant, un miroir dont il m'avait fait présent. Sa vue augmenta mon inquiétude par l'air de contrainte que je remarquai tout de suite sur son visage… Ah ! monsieur, est-il un sort pareil au mien ?… »

Ses yeux se gonflaient de larmes qu'elle renfonça sous ses paupières et elle put achever son récit, que mon bon maître jugeait aussi touchant, mais non point aussi singulier qu'elle le croyait elle-même.

« Il m'annonça froidement, mais non sans quelque embarras, que son père ayant acheté une compagnie, il partait pour l'armée, mais qu'auparavant sa famille exigeait qu'il se fiançât avec la fille d'un intendant des finances, dont l'alliance était utile à sa fortune et lui procurerait assez de biens pour tenir son rang et faire figure dans le monde. Et le traître, sans daigner voir ma pâleur, ajouta, de cette voix si douce, qui m'avait fait mille serments d'amour, que ses nouveaux engagements ne lui permettaient plus de me revoir, du moins de quelque temps. Il me dit encore qu'il me gardait de l'amitié, et qu'il me priait de recevoir une somme d'argent, en souvenir du temps que nous avions passé ensemble.

« Et il me tendit une bourse.

« Je ne mens point, messieurs, en vous disant que je n'avais jamais voulu écouter les offres qu'il m'avait maintes fois faites de me donner des hardes, des meubles, de la vaisselle, un état de maison, et de me retirer de chez ma tante où je vivais fort étroitement, pour me mettre dans un petit hôtel fort propre, qu'il avait au Roule. J'estimais que nous ne devions être unis que par les liens du sentiment et j'étais fière de ne tenir de lui que quelques bijoux qui n'avaient de prix que leur origine. Aussi la vue de cette bourse qu'il me tendait souleva mon indignation, et me donna la force de chasser de ma présence l'imposteur qu'un seul instant m'avait mise à même de connaître et de mépriser. Il soutint sans trouble mon regard indigné et m'assura le plus tranquillement du monde que je n'entendais rien aux obligations qui remplissent l'existence d'un homme de qualité, et il ajouta qu'il espérait que plus tard, dans le calme, j'en viendrais à mieux juger ses procédés. Et remettant la bourse dans sa poche, il m'assura qu'il saurait bien m'en faire parvenir le contenu de manière à m'en rendre le refus impossible. Et sur cette idée intolérable, qu'il entendait être quitte envers moi par ce moyen, il prit la porte que je lui montrai sans rien dire. Demeurée seule, je me sentis une tranquillité qui me surprit moi-même. Elle venait de ce que j'étais résolue à mourir. Je m'habillai avec quelque soin, j'écrivis une lettre à ma tante pour lui demander pardon de la peine que j'allais lui faire en mourant et je sortis dans la ville. J'y errai tout l'après-midi et une partie de la nuit, traversant les rues animées ou désertes sans éprouver de fatigue et retardant l'exécution de mon dessein, pour la rendre plus sûre, à la faveur de l'ombre et de la solitude. Peut-être aussi, par une sorte de faiblesse, me plaisait-il de caresser l'idée de ma mort et de goûter la triste joie de ma délivrance. À 2 heures du matin, je descendis sur la berge de la rivière. Messieurs, vous savez le reste, vous m'avez arrachée à la mort. Je vous remercie de votre bonté, sans me réjouir de ses effets. Les filles abandonnées, cela court le monde. Je désirais qu'il ne s'en trouvât point une de plus. »

Ayant ainsi parlé, Sophie se tut et recommença de verser des larmes.

Mon bon maître lui prit la main avec une extrême délicatesse.

« Mon enfant, lui dit-il, j'ai pris un tendre intérêt au récit de votre histoire, et je conviens qu'elle est douloureuse. Mais je suis heureux de discerner que votre mal est guérissable. Outre que votre amant ne méritait guère les bontés que vous avez eues pour lui et qu'il s'est montré, à l'épreuve, léger, égoïste et brutal, je distingue que votre amour pour lui n'était qu'un penchant naturel et l'effet de votre sensibilité dont l'objet importait moins que vous ne vous le figurez. Ce qu'il y avait de rare et d'excellent dans cet amour venait de vous. Et rien n'est perdu, puisque la source demeure. Vos yeux, qui ont coloré des nuances les plus belles une figure sans doute fort vulgaire, ne laisseront pas de répandre encore ailleurs les rayons de l'illusion charmante. »

Mon bon maître parla encore et laissa couler de ses lèvres les plus belles paroles du monde sur les troubles des sens et les erreurs des amants. Mais tandis qu'il parlait, Sophie, qui, depuis quelques instants, avait laissé fléchir sa jolie tête sur l'épaule du meilleur des hommes, s'endormit doucement. Quand M. l'abbé Coignard s'aperçut que la jeune demoiselle était plongée dans le sommeil, il se félicita d'avoir tenu un langage propre à communiquer à une âme souffrante le repos et la paix.

« Il faut convenir, dit-il, que mes discours ont une propriété bienfaisante. »

Pour ne pas troubler le sommeil de Mlle Sophie, il prit mille précautions et se contraignit à parler couramment, dans la crainte raisonnable que le silence ne l'éveillât.

« Tournebroche, mon fils, me dit-il, toutes ses misères sont évanouies avec la conscience qu'elle en avait. Considérez qu'elles étaient toutes imaginaires et situées dans sa pensée. Considérez aussi qu'elles étaient causées par une sorte d'orgueil et de superbe qui accompagne l'amour et le rend très âpre. Car enfin, si nous aimions avec humilité et dans l'oubli de nous-mêmes, ou seulement d'un cœur simple, nous serions satisfaits de ce qu'on nous donne et nous ne tiendrions pas pour trahison le mépris qu'on fait de nous. Et s'il nous restait de l'amour après qu'on nous a quittés, nous attendrions tranquillement d'en faire l'emploi qu'il plairait à Dieu. »

Mais comme le jour commençait à paraître, le chant des oiseaux s'éleva si fort qu'il couvrit la voix de mon bon maître. Il ne s'en plaignit point.

« Écoutons, dit-il, ces passereaux. Ils font l'amour plus sagement que les hommes. »

Sophie se réveilla dans le jour blanc du matin, et j'admirai ses beaux yeux que la fatigue et la douleur avaient cernés d'une nacre fine. Elle paraissait un peu réconciliée avec la vie. Elle ne refusa pas une tasse de chocolat que mon bon maître lui fit prendre sur le seuil de Mathurine, la belle chocolatière des Halles.

Mais à mesure que cette pauvre demoiselle recouvrait la raison, elle s'inquiétait de certaines difficultés qu'elle n'avait point aperçues jusque-là.

« Que dira ma tante ? Et que lui dirai-je ? » s'écria-t-elle.

Cette tante demeurait vis-à-vis de Saint-Eustache, à moins de cent pas du pilier de Mathurine. Nous y conduisîmes la nièce. Et M. l'abbé Coignard, qui avait l'air assez vénérable, en dépit de son soulier sans boucle, accompagna la belle Sophie au logis de madame sa tante, à qui il fit un conte :

« J'eus le bonheur, lui dit-il, de rencontrer mademoiselle votre nièce dans le moment où elle était précisément attaquée par quatre larrons armés de pistolets, et j'appelai le guet d'une si forte voix que les voleurs épouvantés enfilèrent la venelle, mais non point assez vite pour échapper aux sergents qui, par grand hasard, accouraient à mon appel. Ils s'emparèrent des brigands après une lutte qui fut chaude. J'y pris part, madame, et j'y pensai perdre mon chapeau. Après quoi nous fûmes conduits, mademoiselle votre nièce, les quatre larrons et moi, devant monsieur le lieutenant criminel, qui nous traita avec obligeance, et nous retint jusqu'au jour dans son cabinet pour recueillir notre témoignage. »

La tante répondit sèchement :

« Je vous remercie, monsieur, d'avoir tiré ma nièce d'un danger qui, à vrai dire, n'est pas celui qu'une fille de son âge doit le plus redouter, quand elle se trouve seule de nuit dans une rue de Paris. »

Mon bon maître ne répondit point, mais Mlle Sophie dit avec beaucoup de sentiment :

« Je vous assure, ma tante, que monsieur l'abbé m'a sauvé la vie. »

Quelques mois après cette étrange aventure, mon bon maître fit le fatal voyage de Lyon qu'il n'acheva pas. Il fut indignement assassiné, et j'eus l'inconcevable douleur de le voir expirer dans mes bras. Les circonstances de cette mort n'ont point de lien avec le sujet que je traite ici. J'ai pris soin de les rapporter ailleurs ; elles sont mémorables, et je ne crois pas qu'on les oublie jamais. Je puis dire que ce voyage fut de toutes façons infortuné, car, après y avoir perdu le meilleur des maîtres, j'y fus quitté par une maîtresse qui m'aimait, mais n'aimait pas que moi, et dont la perte me fut sensible après celle de mon bon maître. C'est une erreur de croire qu'un cœur frappé d'un mal cruel devient insensible aux nouveaux coups du sort. Il souffre au contraire des moindres disgrâces. Aussi je revins à Paris dans un état d'abattement qu'on a peine à se figurer.

Or, un soir que pour me divertir j'allai à la Comédie où l'on donnait Bajazet, qui est un bon ouvrage de Racine, je goûtai particulièrement la beauté charmante et le talent original de la comédienne qui jouait le rôle de Roxane. Elle exprimait avec un naturel admirable la passion dont ce personnage est animé, et je frissonnai quand je l'entendis qui disait d'un ton tout uni et pourtant terrible :

Écoutez, Bajazet, je sens que je vous aime.

Je ne me lassai pas de la contempler tout le temps qu'elle fut sur la scène, et d'admirer la beauté de ses yeux sous un front pur comme le marbre et que couronnait une chevelure poudrée toute semée de perles. Sa taille fine, qui portait si noblement les paniers, ne laissa pas non plus de faire une vive impression sur mon cœur. J'eus d'autant plus le loisir d'examiner cette adorable personne qu'elle se trouva tournée de mon côté pour réciter plusieurs endroits importants de son rôle. Et plus je la voyais, plus je me persuadais l'avoir déjà vue, sans qu'il me fût possible de me rappeler aucune circonstance de cette première rencontre. Mon voisin, qui fréquentait beaucoup à la Comédie, m'apprit que cette belle actrice était Mlle B***, l'idole du parterre. Il ajouta qu'elle plaisait autant à la ville qu'au théâtre, que M. le duc de La *** l'avait mise à la mode et qu'elle éclipserait bientôt Mlle Lecouvreur.

J'allais quitter ma place après le spectacle, quand une femme de chambre me remit un billet où je lus ces mots tracés au crayon :

Mlle Roxane vous attend dans son carrosse à la porte de la Comédie.

Je ne pouvais croire que ce billet me fût destiné. Et je demandai à la duègne qui me l'avait remis si elle ne s'était pas trompée d'adresse.

« Il faut, me répondit-elle, si je me suis trompée, que vous ne soyez point M. de Tournebroche. »

Je courus jusqu'au carrosse arrêté devant la Comédie, et j'y reconnus mademoiselle B***, sous un capuchon de satin noir.

Elle me fit signe d'entrer, et quand je fus près d'elle :

— Ne reconnaissez-vous pas, me dit-elle, Sophie que vous avez tirée de la mort, sur la berge de la Seine ?

— Quoi ! vous ! Sophie… Roxane… mademoiselle B***, est-il possible ?…

Mon trouble était extrême, mais elle semblait le considérer sans déplaisir.

— Je vous ai vu, dit-elle, dans un coin du parterre, je vous ai reconnu tout de suite et j'ai joué pour vous. Aussi ai-je bien joué. Je suis si contente de vous revoir !…

Elle me demanda des nouvelles de M. l'abbé Coignard, et quand je lui appris que mon bon maître avait péri malheureusement, elle versa des larmes.

Elle daigna m'instruire des principaux événements de sa vie :

— Ma tante, me dit-elle, raccommodait les dentelles de madame de Saint-Remi qui est, vous le savez, une excellente comédienne. Peu de temps après cette nuit où vous me fûtes secourable, j'allai prendre des dentelles chez la Saint-Remi. Cette dame me dit que j'avais une figure intéressante. Elle me demanda de lui lire des vers et jugea que j'avais de l'intelligence. Elle me fit donner des leçons. Je débutai à la Comédie l'an passé. J'exprime des passions que j'ai senties, et le public me trouve quelque talent. M. le duc de La*** me montre une extrême amitié, et je crois qu'il ne me causera jamais de chagrin, parce que j'ai appris à ne demander aux hommes que ce qu'ils peuvent donner. En ce moment, il m'attend à souper. Il faut que je le joigne.

Et comme elle lisait ma contrariété dans mes yeux, elle reprit :

— Mais j'ai dit à mes gens de prendre par le plus long et d'aller doucement.